中国政治経済の構造的転換 Ⅲ

谷口　洋志　編著

中央大学経済研究所
研究叢書 81

中央大学出版部

は し が き

　コロナ禍の影響がまだ消えず，ウクライナ戦争も続く中で，中国では習近平総書記・国家主席を中心とする第3期体制が発足し，国務院総理（首相）以下の執行部メンバーも確定した。人事が大幅刷新された新体制には，コロナ禍の終息，ウクライナ戦争や地球温暖化への対応だけでなく，米国が進める中国切り離し（デカップリング）への対応などの難問が待ち受ける。

　しかし，これらの課題や問題は，中国だけの問題ではなく，世界全体が直面する課題でもある。中国はすでにグローバル経済の重要な一角を占め，その動向が世界の資源・エネルギー価格や成長率や貿易量に影響を及ぼすようになったことは，誰も否定することのできない既定の事実である。

　コロナ禍の影響を強く受けた2020年から2022年までの3年間は，中国経済にとってこれまで以上に試練の期間であった。コロナ陽性者が急増した2020年第1四半期には，経済成長率が前年同期比6.9％減，前期比10.2％減を記録した。多数の地域での強硬なロックダウンによってコロナ陽性者数が激減し，経済活動が回復するに伴って，2020年の経済成長率は前期比2.2％増のプラスを維持することができた。先進諸国が軒並み大幅マイナス成長であっただけに，中国のプラス成長は驚きであった。

　コロナ禍を徹底的に封じ込める中国の「ゼロコロナ政策」は成功したかにみえたが，終息には至らず，再びコロナ陽性者数が増加し始めた。特に，コロナ陽性者数が目立った上海・北京・長春（吉林省）では，2022年4〜5月にロックダウンが強化され，経済活動が停止状態に陥り，工業生産が前年同月比で40〜60％減となるなどの影響が出た。その結果，2022年第2四半期の経済成長率は前年同期比0.4％増，前期比2.4％減となり，2022年通年でも前年比3.0％という低成長にとどまった（以上の数値は，国家統計局「統計数据」（http://www.stats.gov.cn/tjsj/）に基づく）。

　2021 年からは，世界経済におけるコロナ禍の部分収束に伴う経済活動の回復から，中国が大量輸入してきた原油・石炭・天然ガスの価格高騰が始まり，2022 年 2 月にはロシアによるウクライナ侵略戦争（ウクライナ戦争）が勃発した。その結果，一部の資源・エネルギー価格が一層高騰し，資源・エネルギーの安定確保が危惧されるなど，中国だけでなく世界全体で不安が生じ，不確実生が蔓延した。

　資源・エネルギー価格は，一部を除いてその後下落し，ウクライナ戦争前の水準に戻ったものの，ウクライナ戦争の長期化とそれに伴う米欧日による対ロシア経済制裁の強化により，世界経済における不安と不確実性は解消されないまま現在に至っている。

　こうした中で，世界経済の動向を左右する中国経済の動向を探ることは，中国の将来だけでなく，世界や日本の将来を考える上でも，非常に重要な意味がある。以下では，各章の内容について簡単に紹介したい。

　本書は 2 部構成であり，まず第 I 部では，「中国経済と世界経済の相互依存」として，中国経済と日本経済・世界経済の相互依存関係に焦点を当てた論文を 3 本掲載している。

　第 1 章 で は，「Japan's ODA to China: The Retrospect and the Prospect from the Perspective of Important Historical Node for China-Japan Relations」と題して日本の対中政府開発援助（ODA）を取り上げ，日本の貢献内容や日中間の政治経済関係について 40 年に及ぶ歴史展開を中心に詳細に分析している。筆者（高　鶴，(GAO, He)）によれば，日中の経済発展に伴って日本の対中 ODA が終えんしたものの，それは一方向的な協力関係の終わりに過ぎず，両国にとっては新時代にふさわしい協力関係の始まりを意味する。具体的には，第三国市場協力 (third-party market cooperation)，RCEP（地域的な包括的経済連携）等のメガ FTA を通じての協力，環境・デジタル・知的財産・サービス貿易等の分野での協力など，日中双方にとって利益となる協力分野が多く存在することに目を向けるべきだと筆者は主張している。

　第 2 章では，「世界経済と日本経済の中国依存をどのように理解するか」と

題して，文字通りに世界と日本の中国依存の問題を真正面から取り上げている。本章において筆者（谷口洋志）は，世界全体の GDP や貿易量における中国の比重の高まりから，諸外国の中国依存が強まっているようにみえるものの，現実はそれほど単純でないと主張する。筆者はそれを示す証拠として，中国の輸出や中国国内での販売に外資企業が深く関わっていること，グローバル・サプライチェーンでは中国を含む諸外国の相互依存があること，先端技術分野では米国による中国排除と同時に強い中国依存が存在すること，レアメタル・レアアース生産における中国依存の一方でこれらを需要する諸外国の存在が不可欠であること，エネルギー面で中国の外国依存が大きいことなどを提示する。結局，中国依存が示唆する点は，一方向的な依存ではなく，双方向的な相互依存であると筆者は結論する。

　第3章の「アジアのサプライチェーン再編の動向——中国から ASEAN への生産シフトを中心に——」では，中国の人件費高騰，米中貿易摩擦の長期化や中国のゼロコロナ政策を背景に，「脱中国」の流れが加速しているという動きを取り上げる。本章における筆者（王　娜）の関心は，中国から ASEAN への生産シフトがアジアのサプライチェーン再編に及ぼす影響を明らかにすることである。筆者によると，中国から ASEAN への生産シフトは，産業発展の客観的な規律に基づくもので，一部の一定規模の企業に限られた動きである。また，中国国内の生産コスト上昇と ASEAN 諸国の投資環境の改善により，中国からサプライチェーンの移転がすでに進んでおり，米中貿易摩擦がそれを後押ししているとする。米中貿易摩擦の影響を受け，中国から ASEAN への生産シフトは，製造業における労働集約型産業から電気・電子機器産業に広がり，生産工程を分散させるというサプライチェーンの拡張につながっていると結論する。

　第Ⅱ部は，「中国政治経済の構造的転換——理論と実践」に関係する論文を3本掲載している。具体的には中国におけるグリーンボンド市場導入の意義，中国の家計貯蓄率が高いことの背景と要因，中国におけるインフォーマル就労の現状と多層的保障の意義をそれぞれ取り上げている。

　第4章の「グリーンボンド市場と中国経済社会のアウトサイド・ステークホ

iv

ルダー」では，カーボンニュートラルや持続可能な社会の実現を目指して中国
で導入されたグリーンボンド市場に注目してその理論的基礎を論じている。グ
リーンボンドは，環境改善事業（グリーンプロジェクト）の資金調達手段として
企業や地方自治体によって発行される債券であり，今後の成長が期待されてい
る。筆者（田中廣滋）は，独創的なマルチステークホルダーの理論を用いてグリー
ンボンドの社会的最適発行量を理論的に明らかにするとともに，グリーンボン
ド発行量に影響を与える要因として，政府の累積債務，環境改善投資，資産価
格の動向，高齢化の進展の4つを取り上げ，これらの理論的帰結を明確に整理
している。最後に筆者は，グリーンボンドが有効に機能するためには，アウト
サイド・ステークホルダーとエクスターナル・ステークホルダーの評価がボン
ドの発行主体の意思決定に反映される必要があると結論している。

　第5章では，「中国の家計貯蓄率の動向について」を取り上げる。筆者（唐　成・
郭　訳臨）は，マクロとミクロのデータから中国の家計貯蓄率が高いことを確
認したあと，利己主義に基づくライフ・サイクル仮説と利己主義を基礎としな
い利他主義モデルの2つの観点から高貯蓄率の要因を検討している。ライフ・
サイクル仮説については，マクロ・データに基づく分析結果には違いがみられ
る一方，ミクロ・データに基づく分析では世帯主年齢と家計貯蓄率の間にU
字型関係がある点で結論がほぼ一致していることが明らかにされる。遺産動機
が議論の中心となる利他主義モデルでは，特に高齢者世帯において遺産動機が
貯蓄率に影響していることが明らかにされる。以上の検討を通じて，筆者は，
中国にはライフ・サイクル仮説よりも利他主義モデルのほうが適しており，年
金制度や住宅ローンの整備が進むと家計貯蓄率が低下する可能性があると結論
している。

　第6章では，「中国におけるインフォーマル就労と『多層的保障』の構築」
をテーマに，デジタル経済の発展に伴って増加したネット配車サービスやフー
ドデリバリなどの新形態インフォーマル就労者に焦点を当て，社会保険に限定
されない「多層的保障」の可能性について論じている。筆者（朱　珉）は，イ
ンフォーマル経済における働き方を「インフォーマル就労」と定義し，インフォー

マル就労の現状としてその就労者数，就労者の特性や生活保障の実態を明らか
にする。次に，インフォーマル就労者に対する社会保障の問題を取り上げ，イ
ンフォーマル就労者が社会保険に加入する上で戸籍・属地原則や使用者負担分
の欠如が障害になっていることを指摘する。そこで最後に筆者は，インフォー
マル就労者に対する生活保障の強化策を取り上げ，若干の方向性を示唆してい
る。

　本書は，中央大学経済研究所の中国政治経済研究部会の研究員による研究成
果をまとめたもので，『中国政治経済の構造的転換』（中央大学出版部，2017 年）
および『中国政治経済の構造的転換Ⅱ』（中央大学出版部，2020 年）に続くシリー
ズ 3 冊目にあたる。本書でも，各研究員の関心や研究領域を踏まえて，中国の
政治的経済的側面における構造変化や構造的転換に関わる問題を自由に論じて
いただいた。これまで同様，各自の研究テーマをさらに発展させ，研究部会の
水準を引き上げるべく，読者からの忌憚のない批判やコメントをいただければ
幸いである。

　本書作成に際しては，経済研究所合同事務室の浅野さんに多数のサポートを
していただいた。そして，経済研究所の林光洋所長の管理・監督と浅野さんの
スケジュール管理のもとで本書は完成した。林所長，浅野さんには厚く御礼を
申し上げたい。

　2023 年 3 月 15 日

中国政治経済研究部会

主査　谷口洋志

目　　次

第Ⅰ部

中国経済と世界経済の相互依存

第 1 章

Japan's ODA to China: The Retrospect and the Prospect from the Perspective of Important Historical Node for China-Japan Relations

He GAO

In September 1972, China and Japan resumed the normalization of diplomatic relations. The year of 2022 coincided with the 50th anniversary, China and Japan have been important economic and trade partners with each other for half of a century, economic and trade cooperation has always been the "ballast stone and propeller" for the development of China-Japan relations. Japan's ODA to China is the important part of China-Japan relations, which started from December 1979 and ended in March 2022, it has gone through 42 years. It is of great significance to retrospect and look forward to the important link in China-Japan economic and trade cooperation at the new crossroad of bilateral relations.

1. The Basic Meaning of ODA

ODA is the abbreviation of official development assistance, and was defined originally by Development Assistance Committee (DAC)[1] which is an affiliate

---

1) DAC was established as the reconstituted Development Assistance Group (DAG) which was established in January 1960, and started in July 1961, then DAC substituted DAG from October 1961. At present, it has 30 members including 29 OECD members and EU.

of Organization for Economic Cooperation and Development (OECD) in 1969, its target scale was 0.7% of donor countries' gross national product (GNP)[2] for the purpose of development and net capital repayment (excluding interest), grants and soft loans afforded by the public sectors of donor countries. Since then, it has been isolated from "other official fund" assistance (such as export credit, etc.). In 1965 and 1969, DAC ever supervised donor countries to improve conditions of assistance including the size of assistance, and so on. In 1972, DAC tightened the definition and described that ODA consists of flows to developing countries and multilateral institutions provided by official agencies, including state and local governments, or by their executive agencies, each transaction of which meets the following test: a) it is administered with the promotion of the economic development and welfare of developing countries as its main objective, and b) it is concessional in character and contains a grant element[3] of at least 25% (calculated at a rate of discount of 10%). The DAC list of countries eligible to receive ODA is updated every three years and is based on per capita income. This definition was applicable up to 2017.

　　Since 2018, DAC introduced the term of "ODA flow", which is used to calculate ODA grant equivalent including grants, loans and other flows. The single grant element of 25% and rate of discount of 10% to all of the recipient countries have been changed and different conditions for different recipients have been further refined as follows: In DAC statistics, this implies a grant element of at least a) 45% in the case of bilateral loans to the official sector of

2）　The 0.7% target was formally recognized in October 1970 when held the UN General Assembly, in 1993 the term "gross national product" was replaced with "gross national income" (GNI), an equivalent concept. DAC members' performance against the target is therefore now shown in terms of ODA/GNI ratios.

3）　Grant element (GE) is an index showing the generosity of the terms of assistance. With government loans on commercial terms (interest assumed at 10 percent) as a percent of GE, the GE percentage rises as terms (interest, repayment period, deferment period) are eased and reaches 100 percent in the case of grants.

Least Developed Countries (LDCs) and other Low Income Countries (LICs) (calculated at a rate of discount of 9%), b) 15% in the case of bilateral loans to the official sector of Lower Middle Income Countries and Territories (LMICs) (calculated at a rate of discount of 7%), c) 10% in the case of bilateral loans to the official sector of Upper Middle Income Countries and Territories (UMICs) (calculated at a rate of discount of 6%), and d) 10% in the case of loans to multilateral institutions (calculated at a rate of discount of 5% for global institutions and multilateral development banks, and 6% for other organizations, including sub-regional organizations).

2.　The Overall Development of Japan's ODA

Japan's ODA started from joining the Colombo Plan in 1954,[4] and started providing technical cooperation including accepting trainees and dispatch of technical experts in 1955, Japan started yen loan in 1958 (The first recipient is India), and started grant aid in 1969. Japan joined DAG in March 1960 and its successor DAC, and then participated in actively. In April 1972, Japan promised to realize the ratio of ODA and its GNP reaching 0.7%. In August 1974, Japan International Cooperation Agency (JICA) was established and was responsible for carrying out technical cooperation with developing countries.[5] As the changes of situation abroad and push of domestic administrative reform, Japan's

---

4) Japan joined the Colombo Plan on 6th October 1954. Colombo Plan is an international institute which is to assist the economic and social development of countries in the Asia-Pacific region, it was established in Colombo, the capital of Sri Lanka (former name is Ceylon) in 1950. Japan's central government named the 6th October as the International Cooperation Day and held related activities every year.

5) In June 1962, Japan's government established Overseas Technical Cooperation Agency (OTCA), and then Japanese Emigration Service (JES) in July 1963. In August 1974, the two institutes were combined to be the original JICA. In April 1965, Japan Overseas Cooperation Volunteers (JOCV) was created under the framework of OTCA, and dispatched Japanese young people to carry out technical cooperation in developing countries.

central government combined foreign economic cooperation that was administered by Japan Bank for International Cooperation (JBIC)[6] and part of grant aid that administered by Minister for Foreign Affairs with the technical cooperation administered by original JICA, then established new JICA which started on 1st October 2008 and was fully responsible for all of Japan's bilateral ODA. The new JICA has 111 strongholds home and abroad (including offices and branches abroad).[7]

This paper will illustrate the overall development of Japan's ODA from several aspects as follows.

2-1 The scale and status of Japan's ODA

After the postwar reparation in the 1960s and two oil crises in the 1970s, the scale of Japan's ODA on net disbursement basis was increasing, overtook and surpassed Germany and France one by one and became the second largest donor in the world in 1984, and the gap with the first largest donor, the USA, narrowed gradually in the second half of 1980s. Though Japanese yen depreciated compared with the exchanges in 1988, Japan's ODA net scale reached USD ($)8,965 million in 1989, which still overtook the USA with $7,676 million, Japan became the first largest donor country in the world for the first time. Japan lagged behind the USA in 1990 and overtook again in 1991. After that, Japan kept the first largest donor country for consecutive 10 years till 2000. During this period, the number of the countries in which Japan is their top donor was increasing, from 15 in 1980 to 31 in 1991, and then the peak number 55 in 1995 and 1997. At the same time, the number of the countries in which Japan is

---

6) JBIC was established on 1st October 1999, which was combined Export and Import Bank of Japan (established in April 1952, its predecessor is Export Bank of Japan which was established in December 1950) and Overseas Economic Cooperation Fund (OECF, which was established in March 1961), yen loan was one of the main businesses of it.

7) See JICA, " 国内・海外の JICA 拠点 ,"https://www.jica.go.jp/about/structure/index.html

their second donor also increased, such as from 22 in 1990 to 34 both in 1996 and 1998, then peak number 36 in 1999. From 2001 to 2005, Japan ranked the second largest country, the gap with the USA, which ranked first, widened gradually. After the ranking went down to the third one in 2006, Japan dropped to the fifth from 2007 to 2014 (in which was the fourth in 2013), and then followed the USA, Germany and the UK, remained in the fourth place for six years. In 2021, Japan overtook the UK and returned to the third place with $17,634 million, while as the first largest donor, the USA's net ODA was $47,805 million, as the second largest donor, Germany's net ODA was $33,272 million, which shows that Japan has larger gaps with the former two countries, as shown in Figure 1-1 in detail.

According to the specified exchanges released every year by OECD and

Figure 1-1　ODA scale of the major members of DAC 1988-2021

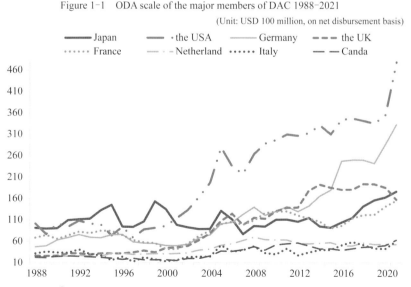

(Unit: USD 100 million, on net disbursement basis)

Notes: ①The data were on net disbursement basis till 2017, then from 2018 were on grant equivalent basis, ②Japan's data were all according to the specified exchanges released by OECD-DAC.
Sources: according to the related materials on the website of Japan MOFA, and the latest release (2021 final figures) on the OECD website.

DAC, Japan's net ODA in USD was relatively stable from 1990s, but still experienced obvious fluctuations for several times, such as from 1995 to 1997, from 1999 to 2004 and from 2005 to 2007, etc. The year 1994 marked the 40th anniversary of Japan's ODA with the net scale of $13,239 million, and it reached a new level of $14,489 million in 1995, far exceeded the net scale of $7,267 million which was of the second largest donor, the USA. But the subscriptions and contributions to international development financial institutions were at a low point between replenishment cycles in 1996 and dropped considerably from the previous year (by 65.0% on a yen-denominated basis), and more funds were repaid on the past loan assistance than in previous years (33.7% more than in the previous year), reducing the net yen loan balance by 22.2% (on a yen basis) from the level of the previous year. In addition, the weaker yen reduced the dollar-denominated value.[8] All of these factors led to the sharp drop of Japan's net ODA and the decrease of big gap existed with the USA from 1996 to 1997. The subsequent similar phenomena also had close relations with the sharp decline of net yen loans or even negative values in some years and the depreciation of yen.

Taking the figures of ODA on net disbursement basis as percent of GNI since 1960 to examine the relative scale of Japan's ODA. As shown in Figure 1-2, the figures in more than 60 years fell in between 0.14% and 0.34%, most of which were around 0.23%. Japan generally located the lower- middle position among all the DAC members, but almost has been higher than the position of the USA since 1979 (except for several years). As it should be, the reasons why the average figures of DCA members were relatively high at the beginning of the 1960s were mainly due to the assistance of the UK, France, Belgium and other countries to their original colonies and the "assistance" of the United States to

---

8) The specified yen-dollar exchange rate was 94.07 yen to 1.00 dollar in 1995, however, 108.82 yen to 1.00 dollar in 1996, then 121.00 yen to 1.00 dollar in 1997.

Figure 1-2　The ratios of Japan's net ODA to GNI 1960-2021　(Unit: %)

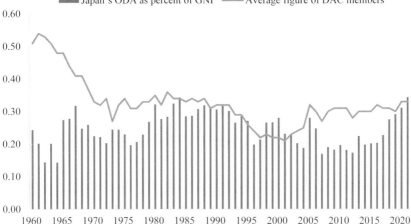

Notes: The data in this Chart was on the basis of dollar price in 2020 as the base year, see the illustration on the website of OECD.

Sources: according to latest release of OECD, https://www.oecd.org/dac/financing-sustainable-development/development-finance-data/[2023-1-1].

"South Vietnam" at that time on the one hand, on the other hand, the war reparations of West Germany, Italy and Japan were relatively concentrated in this period. However, compared with the average figures of DAC member countries, Japan had only 10 years with a slightly higher or equal ratios, and most of them were below the average level. As shown in Figure 1-2, only in individual years, the highest level of Japan's ratios reached 0.34%, which was still far from the target 0.7% specified by the General Assembly of the United Nations in 1970. While after 1975, some European countries, such as Sweden, Netherland, Finland, Norway, Denmark, and Luxembourg in the years of 2000 and after realized the target ratio, even more than 1.0% for many times, the UK also reached 0.7% from 2013 to 2020, and in 2021, the ratio was 0.76% in Germany, the second largest donor. From the above analysis, it can be seen that Japan's overall level was not high, and never has been achieved the commitment which announced at the UN Conference on Trade and Development.

2-2　The structures of Japan's ODA by sectors

Japan's ODA can be divided into grants and loan aid (government loan, that is the yen loan). At the same time, they belong to bilateral aid which directly assists developing countries and regions and multilateral aid which is contributions to international organizations. Grants in bilateral aid are cooperation that is provided to developing countries and regions. They consist of grant aid which provides necessary funds for the development of the society and economy of developing countries and regions without imposing an obligation of repayment, and technical cooperation which develops human resources that will be the actors in the development of the society and economy of developing countries and regions by utilizing the know-how, technology, and experience of Japan. Grants also include contributions to international organizations for specific projects and target countries, as shown in Figure 1-3. Additionally, loan aid in bilateral aid includes ODA loans for lending the necessary funds to developing countries and regions under concessional terms such as low interest rates and long repayment periods, and private-sector investment finance which offers loans and investment to corporations and other entities in the private sector responsible for implementing projects in developing countries and regions. It's no doubt that the types of Japan's ODA were adjusted with the changes of actual situations as time went by.[9]

Multilateral aid includes contributions and subscriptions to UN organizations such as the United Nations Development Programme (UNDP) and the United

---

9)　The types were not so detailed in the early ODA white papers, and were divided into bilateral aid and contributions & subscriptions to international organizations. Bilateral aid included simply grant aid, technical cooperation and yen loan, no such term "grants". Besides, the subcategories of grant aid and technical cooperation added and were more detailed. See the related introductions in the ODA white papers before 2006 and recent ones.

Figure 1-3　The types of Japan's ODA

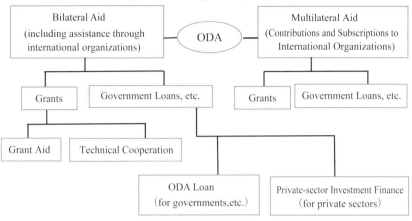

Sources: according to White Paper on Development Cooperation 2020 released by Japan MOFA.

Nations Children's Fund (UNICEF), international organizations, and international financial institutions including the World Bank. Most of the contributions are provided as grants, but in recent years, loans have also been used for international financial institutions.

To examine the structure of Japan's ODA according to Figure 1-3 in recent 25 years, as shown in Figure 1-4, bilateral ODA has always been the dominant type, and accounted for more than 60%, even reached 86.9% in 1996, the lowest level still was 60.4% in 2012, however, increased to 81.1% in 2020. In bilateral grants, the shares of grant aid were from decreasing to increasing to decreasing again, the shares of technical aid also fluctuated. Both of them has not changed too much in absolute figures, but the shares of them declined in recent years. The yen loan in USD experienced notable fluctuations and dropped continuously after 2000. In 2004, it even appeared negative figures for the first time which was $-1,213$ million. And in the following years, from 2006 to 2008, from 2011 to 2013, during which two periods presented negative figures again, the net yen loan was $-1,624$ million in 2011 which was the biggest negative

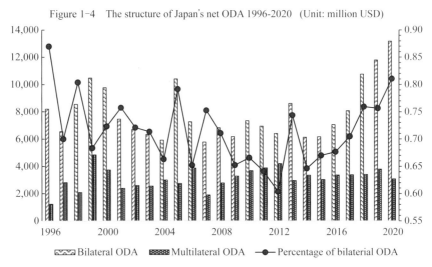

Figure 1-4　The structure of Japan's net ODA 1996-2020　(Unit: million USD)

Sources: according to the related ODA materials released by Japan MOFA.

amount. This was the result of the double effect of the increase of gross yen loan (even decrease in some years) slower than the increase of total amount of repayment of ODA recipient countries. As previously stated, this was also the important cause of the decrease of Japan's ODA on net disbursement basis in some years.

From the aspect of distribution of sectors to examine Japan's bilateral ODA. The assistance involved 8 sectors as follows: a) Social infrastructure and services, b) 2. Economic infrastructure and services, c) Production sectors, d) Multisector assistance, e) Commodity aid, general program assistance, f) Debt relief, g) Humanitarian aid, h) Administrative and similar costs.[10]

10)　In fact, Japan adjusted the first level sectors and their subsectors according to the specific assistances as time went by. The adjustments included the name of the sectors and the numbers of subsectors. For example, WID (Women in Development) was included in multisector aid before 2008, while no WID after that; from 2012, supplemented import aid under commodity aid, general program assistance; renamed "emergence assistance" as "humanitarian aid", and so on.

Among these sectors, the shares of Economic infrastructure and services and Social infrastructure and services were always the top two, total percentage was more than 50%, in some years were even more than 70%, such as in 1996 and 2010. As shown in Table 1-1, the shares of Social infrastructure and services were about 20%, Transport and storage and Energy were the two main subsectors in Economic infrastructure and services, the shares of other subsectors, telecommunication, banking and financial services, business aid, were very small. For instance, the share of Economic infrastructure and services in 1995 was 41.99%, in which the share of Transport and storage was 18.82%, the share of Energy was 22.74%, the share of others was only 0.43%. Another example, the share of Economic infrastructure and services in 2018 was 57.32%, in which the share of Transport and storage was 49.70%, the share of Energy was 7.08%, the share of others was only 0.54%. The shares of Economic infrastructure and

Table 1-1   The sectoral distribution of Japan's bilateral ODA 1990-2020   (Unit: %)

Item / Year	Social infrastructure and services	Economic infrastructure and services (in which two main subsectors)		Production sectors	Multi-sector aid	Programme aid	in which: BHN
		Transport and storage	Energy				
1990	19.70	19.00	5.30	17.10	0.70	31.00	34.30
1995	26.67	18.82	22.74	11.67	1.21	15.52	36.69
2000	24.80	22.70	6.00	8.40	6.00	29.10	32.00
2005	20.04	16.18	7.48	7.62	3.04	44.83	29.63
2010	21.98	31.58	17.11	5.71	8.71	14.32	31.94
2015	18.05	32.81	19.28	7.35	8.88	12.86	27.73
2016	17.11	38.18	12.41	4.35	14.90	12.59	25.20
2017	16.15	38.41	10.14	13.06	8.09	13.74	31.14
2018	15.77	49.70	7.08	7.53	5.05	14.32	25.11
2019	13.78	29.82	21.81	13.78	9.79	10.56	21.80
2020	23.30	39.43	2.32	4.61	13.09	16.94	28.96

Notes: ①Programme aid includes general budget support (named general assistance programme before 2006), debt relief, humanitarian aid (named emergency assistance before 2008), administrative costs, etc. ②BHN includes social infrastructure and services, agriculture, forestry and fishing, food aid and humanitarian aid. ③The data included Eastern Europe and graduated countries, on commitment basis.
Sources: according to the annual ODA white Papers released by Japan MOFA.

services were always the largest and the main subsectors were always Transport and storage and Energy, these facts can reflect that Japan's bilateral ODA pursued the economic benefits obviously.

International Monetary Fund and World Bank emphasized the importance of basic human needs (BHN) before and after 1970. BHN includes Social infrastructure and services, Agriculture, forestry and fishing, Food aid and Humanitarian aid (emergence assistance, revitalization and disaster prevention). Social infrastructure and services include Education, Health, Population policies and reproduction health, Water and sewage, Government and civil society, Other social infrastructure and services; Agriculture, forestry and fishing as the main subsector are included in Production sectors; Food aid with very small share was included in Commodity aid and general programme assistance. To examine Japan's bilateral ODA from the shares of BHN, Japan was active in these fields. The shares of these sectors increased from about 10% to 23% in 1978, and then to about 30% from the 1990s as shown in Table 1-1. The results corresponded to the concept of ODA which taking improving private welfare as the final target.

2-3　The distribution of Japan's ODA by regions and countries

To review the distribution of Japan's ODA by regions since the 1970s, Asian countries were always the most important assistance destinations in more than 60 years, the following were Middle East and North Africa, Sub-Saharan Africa, the least to Europe. The change took place in so long period was the obvious decreasing share of Asia. As shown in Figure 1-5, the shares of Asia were 94.36% in 1970, 72.79% in 1980, 61.68% in 1990, and 53.06% in 2010. The shares have increased since 2016, and were up to more than 60% in 2019 and in 2020. The shares of both Middle East & North Africa and Sub-Saharan Africa were about 10% with increasing trend, and the shares of Central and Southern

Figure 1-5　The distribution of Japan's ODA by regions since 1970　(Unit: %)

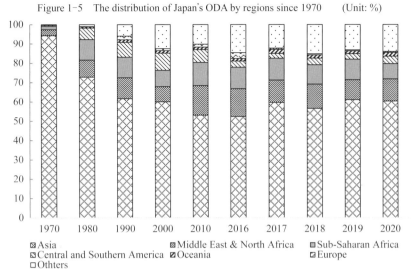

Asia
Central and Southern America
Othters
Middle East & North Africa
Oceania
Sub-Saharan Africa
Europe

Notes: the shares were calculated on annual total disbursement basis.
Sources: according to the ODA white Papers 2021 released by Japan MOFA.

America decreased from 2010 to be about 2%.

As for the distribution by countries, from 1990 to 2020, the top ten recipients of Japan's bilateral ODA concerned more than 40 countries, in which most of them were the countries in Asia, and centered on the countries in Southeast Asia and Central and western Asia, then the countries in Africa, and few countries in Southern America and Europe. The times of the recipients listed in the top ten are as follows: India with 27, Vietnam with 24, Pakistan with 21, China and Philippines with 20, Bangladesh with 19, Sri Lanka with 18, Iraq with 16, Indonesia and Afghanistan with 15, Thailand with 14, Cambodia with 12, Myanmar with 8, Malaysia with 7. Among these countries, China, Indonesia, Vietnam, India and Bangladesh ranked top five or even top one for many times, for example, Indonesia ranked the top one in 1987 to 1992, in 1996, 1999 to 2001 and last in 2003. The countries in Africa, Tanzania and Egypt with 7 times, Kenya with 6 times, and Nigeria with only once but the top one in 2006. The countries in Southern America, Peru with three times and Brazil with twice, but ranking from top 7 to top 10. The countries in Eastern Europe, Serbia and Montenegro with once ranked top nine in 2005, and Ukraine with once ranked top six in 2016. The shares of top ten recipients in Japan's bilateral ODA were very high, most of the shares were more than 60%, or even more than 80%, such as in 2013 with 84.02%, and the lowest share was 47.10% in 1997.

3. The Retrospect of Japan's ODA to China

Japan was the first developed country who carried out ODA to China, which was started formally from 1979 with small amount of technical assistance. In December 1979, the Japanese prime minister OHIRA Masayoshi visited China and announced to provide the yen loan to China. Since 1980, yen loan was put into practice step by step, and was end in 2018. The grant aid to China was carried out first in 1981, and was end in 2019. In March 2022, China graduated from Japan's ODA, which became a hot topic among scholars and media home and abroad. Japan's ODA to China lasted for 42 years together with the economic development of two countries and fluctuations of bilateral economic and trade relations.

3-1　The scale and structure of Japan's ODA to China

Japan's ODA has centered on Asia since the 1960s, and China became one of the main recipients from the 1980s. As shown in Figure 1-6, the scale of Japan's ODA to China fluctuated drastically, in the first half of 1990s reached the peak and reduced a lot with the overall decrease of Japan's ODA in 1997 and the influences of Southeast Asian financial crisis. The shares of China in Japan's ODA were almost within 10-17% that were relatively stable from 1982. From 1982 to 2009, China was always at the top of the list of Japan's ODA recipients, ranked first for 12 times, ranked second for 9 times, ranked third for 3 times, ranked fourth for twice and ranked fifth in 2008 and 2009, and the share decreased to 2.33% in 2009. Though China was overtaken over time by other Asian countries, such as Indonesia, Vietnam, Iraq which took place of China's top one, China was one of the main recipients of Japan's ODA during 28 years.

China repaid the yen loan increased and Japan cut down total amount of yen loan year after year, Japan's net ODA to China entered negative era from 2010, as shown in Table 1-2. And it also shows in Chart 6 that the shares of Japan's net ODA to China in China's total receipt decreased sharply after 2006, and was only 11.5% in 2009, which had a world of difference between more than 50% in the past for a long time, not to mention more than 60%, or even more than 70% in some years. In recent years, some European countries including Germany, France, the UK, Swiss, Norway, Poland and the US, Australia have taken place of Japan gradually to be the main donors of China.

Figure 1-6　Japan's ODA to China and related shares 1985-2009

(Units: million USD, %, on net disbursement basis)

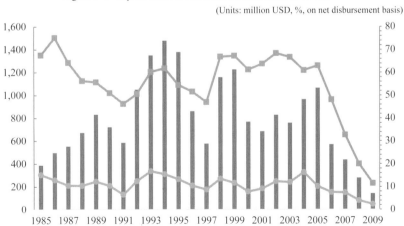

Japan's ODA to China ━■━Shares of Japan's ODA in China ━●━Shares of China in Japan's ODA

Sources：according to the annual ODA white Papers and related materials released by Japan MOFA.

Table 1-2　The structure of Japan's ODA to China 1979-2021　　(Unit: billion USD)

Item \ Year	Japan's net ODA to China F=A+B+C	Grant Aid A	Technical Cooperation B	Net Yen loan C=D-E	Total Yen loan D	China's Repayment E
1979	2.59	0	2.59	0	0	0
1980	4.28	0	3.35	0.93	0.93	0
1981	27.67	2.49	9.56	15.62	15.62	0
1982	368.79	25.09	13.52	330.18	330.18	0
1983	350.15	30.62	20.46	299.07	299.07	0
1984	389.35	14.26	27.23	347.86	347.86	0
1985	387.89	11.56	31.16	345.17	345.20	0.03
1986	496.95	25.68	61.19	410.08	410.08	0
1987	553.12	54.31	76.00	422.81	422.81	0
1988	673.70	52.03	102.67	518.99	519.88	0.89
1989	832.18	58.01	106.10	668.07	669.23	1.17
1990	723.02	37.82	163.49	521.71	538.47	16.76
1991	585.29	56.61	137.48	391.21	423.67	32.46
1992	1,050.76	72.05	187.48	791.23	871.27	80.04
1993	1,350.67	54.43	245.06	1,051.19	1,189.06	137.87
1994	1,479.41	99.42	246.91	1,133.08	1,298.46	165.38
1995	1,380.15 (1)	83.12 (10)	304.75 (1)	992.28 (1)	1,216.08	223.80
1996	861.73 (2)	24.99 (30+)	303.73 (1)	533.01 (1)	774.08	241.08
1997	576.86 (1)	15.42 (30+)	251.77 (1)	309.66 (3)	556.75	247.08
1998	1,158.16 (1)	38.22 (20)	301.62 (1)	818.33 (1)	1,083.60	265.28
1999	1,225.97 (2)	65.68 (7)	348.79 (1)	811.50 (2)	1,181.54	370.04
2000	769.19 (3)	53.05 (10)	318.96 (1)	397.18 (4)	791.68	394.50
2001	686.13 (2)	23.02 (23)	276.54 (1)	386.57 (3)	813.28	426.72
2002	828.71 (1)	54.92 (5)	265.25 (1)	508.53 (1)	971.86	463.33
2003	759.72 (2)	72.63 (5)	300.13 (1)	386.96 (2)	929.51	542.55
2004	964.69 (1)	50.80 (13)	322.80 (1)	591.08 (1)	1,206.20	615.11
2005	1,064.27 (3)	34.03 (16)	235.73 (1)	794.50 (2)	1,474.66	680.16
2006	569.40 (3)	19.05 (30)	318.84 (1)	231.51 (2)	975.32	743.81
2007	435.66 (4)	15.48 (30+)	263.62 (1)	156.56 (4)	912.09	755.53
2008	278.25 (5)	18.21 (30+)	265.22 (1)	−5.18	917.05	922.23
2009	141.96 (5)	14.02 (30+)	283.03 (1)	−155.09	902.91	1,058.00
2010	−192.66	13.00 (30+)	347.21 (1)	−552.87	632.48	1,185.35
2011	−481.32	13.42 (30+)	286.97 (1)	−781.70	560.44	1,342.14
2012	−838.37	9.99 (30+)	131.68 (2)	−980.04	390.76	1,370.79
2013	−792.64	5.15 (30+)	24.40 (18)	−822.20	295.57	1,117.77
2014	−885.67	3.32 (30+)	15.69 (25)	−904.68	123.12	1,027.80
2015	−742.78	0.79 (30+)	9.29 (30+)	−752.86	141.36	894.23
2016	−949.15	0.98 (30+)	6.03 (30+)	−956.15	20.97	977.12
2017	−949.04	0.26	5.44	−954.74	4.35	959.09
2018	−931.88	0.09	4.56	−936.53	0.45	936.98
2019	−863.38	0.21	3.39	−866.98	0	866.98

2020	−856.97	0	1.92	−858.89	0	858.89
2022	"Project to improve China- Japan asbestos related cancer diagnosis ability" (2018.03-2022.03)was the last technical cooperation program, which means all of Japan's ODA to China come into end in March 2022. In September 2022, two countries met 50th anniversary of the normalization of China-Japan diplomatic relations.					

Notes: the data in the table are all according to the OECD/DAC reports, the figures in the brackets represent
the rankings of China in three types of Japan's bilateral ODA.
Sources: according to the annual ODA white Papers released by Japan MOFA.

As mentioned above, Japan's ODA to China started from technical cooperation, and followed yen loan and grant aid. To examine the bilateral structure of Japan's ODA to China, as shown in Table 1−2, from 1981 to 2005, net yen loan always accounted for the largest shares, and the grant aid has been the least since 1984, these situations are the main characteristics of overall Japan's bilateral ODA. According to the release of Japan MOFA, China was the top recipient of Japan's bilateral ODA, China was always the top one in technical cooperation till 2011, and also the upper top in net yen loan, but the scale and ranking in grant aid were relatively low. Japan's total yen loan to China experienced obvious decrease twice in the middle and late half of 1990s and early 21st century, and since 2005, it kept decreasing trend and reduced to only $0.45 million in 2018. At the same time, China repaid the yen loan increased year after year, especially the period of 2009 to 2014 reached the peak. In 2008, China repaid $922 million of the principal and interest, which was more than $903 million of total yen loan for the first time, it meant that the net yen loan in USD entered negative era, but because of grant aid and technical cooperation still existed, net ODA was $278 million. In 2009, China repaid more, so the net yen loan decreased further to $142 million, and Japan's net ODA to China entered negative era from 2010. Technical cooperation and grant aid decreased sharply respectively from 2008 and 2011, the yen loan was zero in 2019, grant aid was zero in 2020, and only existed $1.92 million of technical cooperation.

3-2　The summary of the historical process of Japan's ODA to China

The whole process of Japan's ODA to China accompanies with not only the transition of Japan's ODA strategies but also the delicate changes of Japan's stance to China. With the development of China-Japan relations and deepening of China's reform and opening-up, China and Japan endeavored to communication and coordination, and came into an agreement on the yen loan which started successful from December 1979. Because the yen loan played most important role in Japan's ODA to China all the time, this paper focuses on the fluctuations of yen loan to China (on yen basis) and Japan's ODA policies as the main evidences to divide into three stages of Japan's ODA to China.

3-2-1　The first stage (1980–1995): smooth implementation of yen loan for the first three times

Though China-Japan relations experienced frictions for many times in the 1980s, also many ups and downs in the 1990s, generally, the yen loan for the first three times implemented smoothly till 1995. In December 1979, Japanese prime minister OHIRA Masayoshi visited China and announced the decision of the first yen loan to China, which was used in 4 infrastructure programs (2 in railway programs, 2 in port programs) and a commodity loan (used to import complete equipment for manufacturing iron and steel). The total amount was 330.9 billion yen implemented from 1979–1983, the interest rate was 3% with 30 years of repayment period which included 10 years of deferred repayment period. That is to say, China only repaid the interest from 1980 to 1989, and repaid principal and interest from 1990. In March 1984, the second yen loan was implemented from 1984–1990. The total amount was 540 billion yen, which included 16 programs and 70 billion yen 'Capital Recycling' in 1988.[11] The prime minister

---

11) "Capital Recycling Program" was put forward by Japanese prime minister NAKASONE Yasuhiro under the background of increasing foreign trade surplus since the 1980s and the international public pressure, Japan promised to provide concessional loans to developing

TAKESHITA Noboru announced the decision to complete the yen loan one year ahead of the schedule when he visited China in 1988, so the second yen loan finished in 1989.The interest rates in six year were different, they were 3.25% in 1984, 3.5% from 1985 to 1986, 3% in1987, and 2.5% from 1988 to 1989,[12] also with 30 years of repayment period which included 10 years of deferred repayment period. During two periods of yen loan, two cabinets after OHIRA's cabinet inherited the policy of Japan's ODA to China, and leaders of two countries visited each other when the 10th anniversary of the normalization of China-Japan diplomatic relations in 1982 and in the later years,[13] and frequent high-level interactions and people-to-people communication in the following years that guaranteed the smooth implementations of the first two yen loans. From 1982 to 1986, China kept the top one recipient of Japan's ODA, and after that kept top two for several years. After the second yen loan finished in 1989, the third one was implemented from 1990 with total amount of 810 billion yen including 42 programs and added 8 programs, 2 capital recycling, the period was from 1990 to 1995, the interest rates were 2.5% in 1990, 2.6% in the years later, still with 30 years of repayment period which included 10 years of deferred repayment period.

It is no doubt that at the transitions of the first yen loan to the second one or from the second one to the third one, they experienced two serious setbacks. One is that Japan followed some western countries to impose sanctions on "the incidence of June 4" in 1989, though when Japanese prime minister TAKESHITA

---

countries from 1987 to 1990, annual amount was 20 billion yen derived from the foreign trade surplus.

12）　The interest rate decreased in 1988 and 1989 on consideration of the large appreciation of yen to USD after 1985, China had to undertake more repayment cost and met difficulties.

13）　The prime ministers of three cabinets after OHIRA's cabinet ever visited China during this period of time, prime minister SUZUKI Senko visited China in 1982, prime minister NAKASONE Yasuhiro visited China twice in 1984 and 1986 respectively, prime minister TAKESHITA Noboru visited China in 1988.

Noboru visited China in 1988 has decided to carry out the third yen loan, which was delayed until November 1990. Another is that Japan took China's nuclear test as the excuse to freeze most of grant aids[14] and delayed the negotiations about the fourth yen loan which was decided at last in December 1996. Finally, Japan took active attitude to resolve the problems during the period of troubles, but still reflected that it has taken non-economic factors including politics, security and human rights, etc. into consideration. From OHIRA's cabinet "Three Key Principles" in 1979 to KAIFU's cabinet "Four Key Principles" in 1991, and then MIYAZAWA's cabinet ODA Charter in June 1992, politicization of Japan's ODA policies became more obvious.

3-2-2　The second stage (1996-2007): Significant transformations have taken place in Japan's ODA to China

The second stage can be further divided into two short periods which have different significant transformations: one is the period of the fourth yen loan, another is the period between the end of the fourth yen loan and before the end of yen loan to China. Japanese government took "Four Key Principles" in ODA Charter[15] as the references and discussed for many times about how to implement the fourth yen loan, which made the implementation of it extremely difficult. In 1994, Japanese prime minister HATA Tsutomu visited China and reached an agreement on the method of the fourth yen loan, from the "package of 5-6 years" to "3 years+2 years". Final decision was that the total amount of yen loan from 1996 to 1998 was 580 billion yen, and 390 billion yen in two years later. The interest rates were differentiated from standard interest rate,

---

14) In 1995, Japan only implemented grant aid including disaster emergency assistance, polio eradication (phase 3), and grassroots projects, etc. The total amount of grant aid was 481 million yen, decreased a lot compared with the ones several years before.

15) This Official Development Assistance Charter (ODA Charter) was adopted by the cabinet in June 1992, and was also named "old ODA Charter" relative to the revised ODA Charter (that is "new ODA Charter") which was adopted by the cabinet in August 2003.

interest rate for the general programs of environmental protection, and interest rate for special programs of environmental protection, 2.3%, 2.1% and 0.75% in the first 3 years, 1.8%, 1.3% and 0.75% in the next two years, again with 30 years of repayment period which included 10 years of deferred repayment period. The contrast between Japan's bubble economy burst and China's economic rise in the 1990s led to many frictions and contradictions, and mostly occurred in 1995 and 1996. When two countries met the 25th anniversary of the normalization of China-Japan diplomatic relations in 1997 and 20th anniversary of *China-Japan Treaty of Peace and Friendship* in 1998, leaders visited each other and improved the relations, which was also guaranteed the smooth implements of the fourth yen loan.

The year of 2000 was the last year for Japan's top one in global ranking of ODA, and the 20th anniversary of Japan's ODA to China, also the last year of the fourth yen loan to China. The amount of the yen loan reached 214.4 billion yen in 2000 which was the peak figure. In fact, Japan discussed the method of the yen loan to China after 2001 very early, nearly in the middle of 1990s, the "3+2" method was just the transitional method. At the end of 1990s and in 2000, Japan expressed the idea of making adjustments for many times during the periods of high-level visits, The former Japanese ambassador to China ever defined the third stage of Japan's ODA to China from 2001.[16] All indicated that Japan would revise the policy of ODA to China after 2001, and this was one of the focuses for two countries at the turn of the century.

In December 2000, the "Symposium on Economic Cooperation with China in the 21st Century" held by MOFA discussed for ten times[17] and put forward 19

---

16) This was the opinion of former Japanese ambassador (2006–2010) to China MIYAMOTO Yuji.

17) Japanese government set about revising the policies of ODA to China, as the private talkfest of director of Economic Cooperation Bureau, the "Talkfest on Economic Cooperation with

reform suggestions for subsequent Japan's ODA policy to China. On the basis of these suggestions, Japanese government made assistant plans by country *Economic Cooperation Plan to China* in October 2001, a key point in this plan was shift from multi-year pledging of yen loan to a single-year pledging system (selecting aid projects for each year). From the perspective of concrete results, Japan reduced the annual total amount of yen loan to China from 2001, 161.4 billion yen in 2001, 121.1 billion yen in 2002, 96.7 billion yen in 2003, and then 85.9 billion yen in 2004 which has decrease of 60% compared to the amount in 2000. And in 2003, China's repayment overtook the total amount of yen loan in yen for the first time (the time point is different with that of amount in dollars). From then on, the structure of Japan's ODA to China changed a lot, on the one hand, yen loan decreased sharply, on the other hand, the shares of grant aid were relatively higher than before. The shares of the yen loan were almost more than 90%, but in 2004, less than 90%. Since 1990, "grant aid for grassroot projects" was added to Japan's grant aid to China, those were the small-scale projects benefited for people[18] and increased quickly in the middle of 1990s.

The policies of Japan's ODA to China changed a lot in the whole period of this stage including the method of ODA to China (shift from "package of 5-6 years" to "3 years+2 years" to single-year) and the structure of bilateral ODA (yen loan decreased sharply and its share reduced), as mentioned above. In addition, the

China in the 21st Century" was established in May 2000, Chairman was MIYAZAKI Isamu, the ex-director of the Japanese Economic Planning Agency. In addition, Liberal Democratic Party Special Committee on Foreign Economic Cooperation, Review Committee of Economic Cooperation published *Summary and guidance on Japan's economic assistance and cooperation to China.*

18) The projects benefited for people are all grant aid for small-scale projects, generally less than 100 billion yen, less than 500 billion yen with special situation, and the maximum amount is 1,000 billion yen. This type of project was renamed as "Grant assistance for grassroots / human security projects". In 2008, Japan stopped the grant aid for new grass roots projects to China.

concrete fields and distribution of areas also changed. To compared with the yen loan for the first three times, in this period, Japan's ODA to China shifted gradually from traditional infrastructure reconstruction centered on coastal areas to environmental protection, improving living standard and welfare in inland areas, social development, talent cultivation, systems reconstruction, technological transfer, etc. One of the priority areas was environmental protection which increased very obviously. For instance, in the fourth yen loan for 68 projects, 31 projects were related to environmental protection, and the interest rates were lower than before. Only in 2000, 86% of total yen loan to China was used for the environmental protection projects. The measures taken in the national level deepened step by step. In March 1994, when prime minister HOSOKAWA Morihiro visited China, two governments signed *Agreement on Cooperation in Environmental Protection* and established China-Japan Joint Commission on Environmental Protection as the executive institution. In May 1995, the first China-Japan Comprehensive Forum on Environmental Cooperation was held in Tokyo with total consecutive four times. China-Japan Friendship Environmental Protection Centre is one of the typical grant assistance projects to China, it was agreed when the prime minister TAKESHITA Noboru visited China in 1988, from the foundation in May 1992 to finishing in May 1996, Japan provided grant aid 10,256 million yen during the year of 1991 to 1994, and dispatched hundreds of technical experts and accepted more than one hundred trainees, donated equipment with more than 300 million yen. In September 1997, when prime minister Ryutaro Hashimoto visited China, two governments reached the agreement on China-Japan environmental protection cooperation Plan for the 21st century, on the basis of this visit, when president Jiang visited Japan in November 1998, two governments signed *Joint Communique on Environmental Cooperation for the 21st Century*. In 1999, prime minister OBUCHI Keizo visited China and then set up "OBUCHI Fund" to support the greening cooperation between China and Japan. In October 2002, just at the occasion of the 30th anniversary of the normalization of China-Japan diplomatic relations, China-Japan Environmental Cooperation Week was held in Beijing, and centered on the fourth China-Japan Comprehensive Forum on Environmental Cooperation, held many kinds of activities related to environmental protection cooperation. The new ODA Charter established in August 2003 stated clearly that global issues including environmental issues would be priority fields of Japan's ODA. In May 2006, two countries launched China-Japan Comprehensive Forum on Energy Conservation and Environmental Cooperation.[19] In April 2007, when premier WEN Jiabao visited Japan, two governments signed *Joint Statement on Further Strengthening Cooperation in Environmental Protection (Joint Statement)*, and in December of the same year, Japanese prime minister FUKUDA Yasuo visited China, two governments signed *Joint Communique on Promoting Cooperation in the Field of Environmental Energy* which deepened and specified the *Joint Statement before*.

In the process of this stage, Japan's ODA to China also met some problems and difficulties. From economic factors, for example, because Japanese yen increased in value from 1985 to the middle of 1990s, and China entered repayment period gradually, which led China's repayment burden increased largely, but two countries did not reach agreement on improving loan conditions. This situation lasted to the year of 1996 in which yen depreciated marginally for several years and relieved some of the pressure of repayment. Another still was the political factor. Since 2001, because of disagreements on historical issues, the drill for gas and oil in East China Sea, China-Japan "politically cold" once

---

19) On 29th May 2006, the first Forum kicked off in Tokyo (China's XINHUANET reported this news), after that the Forum was held by Beijing and Tokyo in turns. In 2021 it was the 15th Forum, which have got fruitful cooperative results.

dropped to freezing point. In March 2006, Japanese government decided to freeze yen loan of the fiscal year of 2005. The meeting between the ministers of foreign affairs of two countries eased bilateral relations, after that Japanese government announced unfreezing in June. After that, visits each other at leadership level realized "ice-breaking journey", "ice-thawing journey" to "welcome spring journey", "warm spring journey", the relations between China and Japan recovered effectively. After these twists and turns, the yen loan was implemented smoothly till 2007. From the results, because Japan froze the yen loan of the fiscal year of 2005, in fact implemented yen loans twice in fiscal year of 2006 that total amount was 137.1 billion yen, and 75 billion yen belong to the fiscal year of 2005, it meant that decreased more than 10 billion yen compared with the amount in 2004, then 62 billion yen in 2006 and 46.3 billion yen in 2007. It was clear that since 2001, Japan's yen loan to China reduced gradually according to plans, at the same time, grant aid and technical cooperation also decreased.

In addition, on 2nd March 2005, just during the period of the tense relations between two countries, Japanese government made a decision of ceasing the approval of yen loan to China from the year of 2008, [20] though Japan's high-level officials disclosed such trend in different events, this decision still initiated a big discussion of China's graduation, which meant Japan's ODA to China would enter another new stage.

3-2-3　The third stage (2008-2021): the role of Japan's ODA to China accelerated to weaken

The year of 2008 was a special time node, it was the 30th anniversary of China's reform and opening-up, also the 30th anniversary of *China-Japan Treaty of Peace and Friendship*. In 2008, China's leader visited Japan and was

20）　See http://osaka.mofcom.gov.cn/article/jmxw/200503/20050300021271.shtml

called "warm spring journey", China held summer Olympic Game, and Japan stopped the new yen loan projects to China. But before the summer Olympic Game, Wenchuan County, Sichuan province occurred violent earthquake and suffered heavy casualties and serious economic losses. Japan provided lots of emergence assistance including grant aid with the amount of 535 million yen, dispatch of rescue team and medical team, humanity aid 19 million yen through International Committee of the Red Cross. Under such circumstances, Japan's grant aid to China increased in 2008, but the sum of grant aid and technical cooperation still decreased, especially after China became the second largest economy in the world in the year of 2010, the scale of grant aid and technical cooperation reduced more sharply. Taking the numbers of ODA projects to examine the changes of structures of Japan's ODA to China, small-scale projects benefit for people in grant aid were dominant since 2001, for example, 89 ones in 2001 of total 119 projects. After 2008, the shares of small-scale projects benefit for people increased quickly, 89 ones in 2008 of total 97, and only there were small-scale projects benefit for people after 2014, in 2019, there were only 3 grassroot aid projects and one emergency aid for COVID-19. Only technical cooperation with 156 million yen left in 2020, and in March 2022 (the end of Japan's fiscal year of 2021), Japan's ODA to China completed, which meant China became the graduation country of Japan's ODA.

During this period of time, on 11th March 2011, Great East Japan Earthquake occurred, China lent a helping hand as soon as possible, dispatched elite rescue team, provided emergency aid with RMB 30 million, and transported a lot of assistant goods in batches. Besides, Chinese people donated millions of RMB to Japan through Embassy of China in Japan, Red Cross Society of China. What China had done embodied not only friendship between Chinese people and Japanese people, but also a transformation of donor country and receipt country. But the issue of unilaterally nationalization of Diaoyu Island in 2012 brought unprecedented tense bilateral relations, after 7 years, when prime minister ABE Shinzo visited China for the second time in 2008, bilateral relation was repaired. It is well known that, the year of 2018 was the important time node for China-Japan relation, Chinese government held grandly the 40th anniversary events for *China-Japan Treaty of Peace and Friendship*. prime minister ABE Shinzo stated that Japan's ODA to China has accomplished the mission, and expected to discuss and implement new-level cooperation modes, Chinese leader welcomed Japan to actively participate in the construction of the Belt and Road, two countries really entered into the "post ODA era". In December 2019, Chinese government held events for the 40th anniversary of Japan's ODA to China in Beijing, many experts made great discussion about this topic besides of pictures show and forums.

As of the year of 2020, the yen loan to China was 3,359.739 billion yen, accounted for 90.7% of total Japan's ODA to China, grant aid was 157.619 billion yen, accounted for 4.3%, technical cooperation was 185.616 billion yen, accounted for 5.0%, including dispatch of 10,383 experts and acceptance of 54,136 trainees.[21]

4.　The Review of Japan's ODA to China

It is difficult to review Japan's ODA to China with only one sentence, because there were too much factors during the process of more than 40 years, thus this paper tries to illustrate this problem in several aspects. Generally, it is necessary to examine from "quantity" and "quality", in section three, this paper have

---

21) 　The figures of dispatch of experts and acceptance of trainees were as of the year of 2016, because from 2017 technical cooperation project occurred the current year was only one, that was the "Project to improve China- Japan asbestos related cancer diagnosis ability" listed in Table 1-2, no dispatch and acceptance. So, the figures as of the year of 2016 can be regarded as the total figures. See 2007 Japan's ODA Data by Country. https://www.mofa.go.jp/mofaj/gaiko/oda/shiryo/kuni.html

analyzed the "quantity" of Japan's ODA to China, this section will focus on "quality" first and then from other perspectives to review.

4-1　Review on related indicators

One of the keywords, "grant element", in the definition of ODA, the ration of ODA/GNP(GNI) are both of the important indicators of measuring the "quality" of ODA. Grant share, untied share and interest rate are the main indicators, too. The section two has analyzed the situation of ratios of ODA/GNP, and here focus on grant share,[22] grant element[23] and untied share[24] to examine the "quality" of Japan's ODA and ODA to China. Grant share and grant element were expressed with average values of two years, and untied share was expressed with value of single year. As shown in Table 1-3, since 1990s, from 2000 to 2007 and from 2009 to 2012, the grant shares of these two periods overtook 50% for ten times, others were less than 50%. Generally speaking, the average values in the 2010s were higher than the values in other periods, and the values after 2014 decreased less than 40%. There was a big gap between the average values of Japan and DAC member countries, Japan ranked lower and mostly at the bottom of the list. If from the grant shares of bilateral ODA, the average values of both Japan and DAC members were lower. Grant element also changed in different periods, from about 80.0% in 1990s to relative stable level of 85.0% after 2000, which realized the advisory standard 86.0% (excluding

---

22）　Grant share refers to the ratio of grants (that is the sum of grant aid and technic cooperation) in total ODA.

23）　　Grant element is an index of the financial terms of assistance, the GE of a loan on a commercial basis (with an assumed interest rate of 10%) being 0%. As terms (interest rate, grace period, and maturity) are alleviated, the GE figure rises, reaching 100% in the case of a grant. To compare with grant share, grant element can reflect the paid assistance, that is the grant share of yen loan.

24）　　Untied share reflects the tying status for recipients in procurement, the wider sources of goods and services, the lower tying degree, and the higher untied share, the vice versa.

Table 1-3　The indicators of "quality" of Japan's ODA since 1990s　(Unit：%)

Average years	Grant share Japan	rank	Grant element Japan	rank	Single year	Untied share Japan	rank
1991/92	42.6（77.5）	20/20	77.6（89.9）	20/21	1992	78.8（67.6）	6
1992/93	43.8（77.1）	20/21	76.6（90.5）	21/21	1993	83.9（55.5）	5
1993/94	46.6（77.1）	18/21	78.9（90.8）	19/21	1994	81.4（65.9）	5
1994/95	48.8（78.6）	21/21	82.3（92.1）	21/21	1995	96.3（77.7）	2
1995/96	41.4（76.9）	21/21	80.5（91.8）	21/21	1996	98.9（69.7）	2
1996/97	39.6（77.8）	21/21	78.6（91.9）	21/21	1997	99.6（83.2）	1
1997/98	43.5（79.0）	21/21	80.0（92.7）	21/21	1998	93.6（72.2）	2
1998/99	45.4（80.6）	22/22	83.6（94.2）	21/21	1999	96.4（83.8）	4
99/2000	49.5（82.8）	22/22	86.6（95.4）	21/21	2000	86.4（80.8）	9
2000/01	51.0（84.5）	22/22	87.9（96.1）	22/22	2001	81.1（79.1）	11
2001/02	53.3（87.4）	22/22	88.0（97.1）	22/22	2002	82.8（84.8）	8
2002/03	56.3（89.7）	22/22	87.3（97.0）	22/22	2003	96.1（91.5）	6
2003/04	58.5（90.1）	22/22	88.2（97.3）	22/22	2004	94.4（90.6）	6
2004/05	54.1（89.0）	22/22	88.1（97.2）	22/22	2005	89.6（91.8）	14
2005/06	54.1（89.4）	22/22	88.4（97.5）	22/22	2006	95.6（94.5）	8
2006/07	52.2（90.2）	22/22	88.0（97.3）	22/22	2007	95.1（84.6）	9
2007/08	43.4（88.0）	22/22	85.5（96.4）	21/22	2008	96.5（86.5）	10
2008/09	47.2（86.9）	22/23	85.8（96.1）	23/23	2009	94.8（84.5）	11
2009/10	52.3（86.3）	22/23	87.6（95.4）	22/23	2010	93.7（83.7）	8
2010/11	54.7（85.8）	22/23	88.9（95.6）	22/23	2011	94.3（83.4）	11
2011/12	54.3（85.4）	26/27	88.8（95.2）	24/26	2012	86.0（86.1）	17
2012/13	46.6（83.7）	28/28	88.8（94.9）	24/27	2013	89.5（85.2）	15
2013/14	41.0（83.1）	28/28	88.1（94.7）	26/28	2014	89.6（82.3）	15
2014/15	38.2（82.4）	28/28	87.3（94.4）	26/28	2015	82.3（80.6）	18
2015/16	35.6（81.8）	29/29	87.0（94.4）	28/29	2016	86.2（84.9）	21
2016/17	36.8（81.4）	29/29	86.0（94.0）	28/29	2017	93.1（86.3）	19
2017/18	Na.	Na.	Na.	Na.	2018	75.0（82.1）	24
2018/19	38.8（83.0）	29/29	80.9（92.6）	28/29	2019	74.3（82.5）	24
2019/20	39.2（82.6）	29/29	81.0（92.1）	28/29	2020	92.3（89.9）	19

Notes: the data were on commitments basis, grant share and grant element average of 2017and 2018 were absent denoted by Na.; the figures in ( ) are the average values of DAC members, some of them were estimated values.

Sources: according to the annual ODA white Papers and related materials released by Japan MOFA.

2007-2009), but reduced again to about 80% after 2018. From the ranks of DAC members, Japan was still very low, and values were always lower than the average value of DAC members. Another characteristic of the Japan's grant element was that relative to the values of grant element as a whole, the grant element of bilateral ODA for LDCs were all over 90%, but still lower than the average values of DAC members; and grant elements of bilateral yen loan were the lowest, and about 70%, but higher than the average values of DAC members. The shares of bilateral yen loan in Japan's ODA to China were dominant, and was 90.7% totally, that is to say the grant share was only 9.3%. China was the most important recipient of Japan's ODA to China from the middle of 1980s to the early of the 21st century, according to the characteristics of lower grant element, Japan's grant element to China should be equal or slightly lower than the overall level.

From the untied share, Japan's level was low in 1960s and 1970s, as the comprehensive national strength and large foreign trade surplus increased, the voice from international society of increasing the degree of concession and reduce the tied conditions of procurement was rising. In 1980s, Japan's untied shares increased gradually and tying status was very high in 1990s, as shown in Table 1-3. Though the untied shares in the early 1990s were still lower than 85%, from 1995 higher than 90%, it was 98.9% in 1996 which ranked the second, and was 99.6% which ranked the top one with zero tied share. Japan's untied shares in most of years were higher than the average values of DAC numbers till 2017 (except 2002 and 2005 with low values). But the relaxation of conditions of procurement led the Japanese enterprises' bidding rate of projects reduced in recipients, so in some years during the period of time, Japan's untied shares and partially untied shares increased from 2000 to 2003 and since 2012, especially in 2018 and 2019, the tied shares rose to over 25%, and the untied shares reduced to the values of lower than the average values of DAC members, ranked the 24th in total DAC members. It was improved in 2020, the untied share recovered to over 90%. The restrictive conditions of Japan's ODA to China which took the yen loan as the main part experienced fewer and fewer process, the first and the second yen loans to China adopted projects for "LDC untied" assistance, that is to say, China's procurement objects must be Japan and

LDCs, from the third yen loan in the early 1990s, all the projects were the general untied ones, the whole untied shares were very high.

4-2　Review on social level

There are also several aspects to review Japan's ODA to China on social level. Japan's ODA to China is an important part of China-Japan relations, high-level communicated closely since 1980s. China's leaders expressed gratitude on different occasions. In May 1980, president HUA Guofeng met prime minister OHIRA Masayoshi and thanked for the grant aid for the China-Japan friendship hospital. In March 1984, when prime minister NAKASONE Yasuhiro visited China, president ZHAO Ziyang thanked for the second yen loan to China, and appreciated highly the development of China-Japan friendly cooperation, general secretary HU Yaobang used "reciprocation" to express thanks. In August 1988, Chairman of Chinese Military Committee DENG Xiaoping met prime minister TAKESHITA Noboru and expressed welcome and gratitude for his announcement of the third yen loan to China, premier LI Peng also thanked him and thanked again when LI visited Japan in 1989. In December 1998, when visited Japan and met with prime minister OBUCHI Keizo, president JIANG Zemin fully affirmed the role of yen loan to China in economic construction, solemnly wrote "China thanks Japan for its economic cooperation to date" in *China-Japan Joint Declaration.*[25] In October 2000, premier ZHU Rongji visited Japan, appreciated highly and thanked for the active roles of previous Japan's ODA to China.[26] In April 2007, premier WEN Jiabao spoke at the Japanese Diet and stated clearly "China's reform and opening-up and modernization drive have received the support and help of the Japanese

---

25) See the State Council Information Office of China, http://www.scio.gov.cn/
26) See *Japan's Official Development Assistance White Paper 2001* online version released by Japan MOFA.

government and people, Chinese people will never forget this."[27] In addition, some ministerial leaders also appreciated actively the roles of Japan's ODA to China when they visited Japan. At the same time, Japan's MOFA repeated "China spoke highly and expressed thanks on all kinds of occasions" in Japan's ODA White Paper and related official materials.[28] All of these show that this is the consensus formed by the two countries. China is not a unilateral beneficiary of Japan's ODA to China, but the win-win cooperation, which was also the national level consensus. The files published by MOFA stated clearly that Japan's ODA to China also brought benefits for themselves.[29] On the occasion of prime minister ABE Shinzo's upcoming visit to China in 2018, HUA Chunying, Chinese foreign ministry spokesman, stated on the press conference when she answered related questions: "Japan's ODA to China played important roles in China's reform and opening-up and economic construction, Japan has also gained tangible benefits from it. This is the important part of China-Japan mutual benefit and win-win cooperation."

Many Chinese and Japanese scholars analyzed and reviewed Japan's ODA to China. Some Chinese scholars discussed this topic around the year of 2000 which was the typical time node for the policy changes of Japan's ODA to China. Politicization of economic aid has been a general consensus among Japanese scholars since the middle of 1990s, and also held positive opinions that active roles of Japan's ODA to China in China's reform and opening-up and modernization drive, and the status of it in China-Japan relations. As stated

---

27) See the Central People's Government of China, http://www.gov.cn/ldhd/2007-04/12/content_580519.htm

28) See the annual online versions of ODA White Papers, such as *Japan's Official Development Assistance White Paper 2002*, *Japan's ODA data by country 2011, part of China*, etc.

29) See online versions of *Japan's ODA data by country 2011, part of China, described with more confirmative tones.*

before, Japan's ODA to China often served as a "buffer" when encountered fluctuations in bilateral relations, also marked the healthy development of relations and an important link in the friendly cooperation between China and Japan. It is no doubt that Chinese government attached great importance to how to make us of and manage yen loans guaranteed the efficiency of them. To compared with other recipients, China carried out the assistant projects with high efficiency, strong digestion ability, Japanese government thought highly of these results. China is the "top student" of taking use of yen loans and the successful model of Japan's foreign aid.[30] Scholars in Japan paid much attention to the research on Japan's ODA to China and emphasized that Japan's society should be concerned about Chinese recognitions of Japan's ODA to China (OKADA, 2003), summarized stances of Japan's ODA to China of Japan's society from some popular Japanese newspapers including *Asahi Shimbun*, *Yomiuri Shimbun*, etc. (KUSANO and OKAMOTO, 2004). Even some foreign scholars did some research on Japan's ODA to China, for example, Severine Blaise (2005) analyzed the positive relations between Japan's ODA to China and Japan's FDI to China.

　　Chinese mainstream media, such as *People's Daily*, *Guangming Daily*, CCTV, conducted a large number of reports about Japan's ODA to China and bilateral relations. Take *People's Daily* as the example, the numbers of reports doubled from 1980s to 1990s. For instance, the reports about the yen loan for the projects with clear names related with Japan's ODA to China, China-Japan

---

30)　Take the related books and papers as references from Chinese scholars, such as ZHAGN Guang, SHI Yonghai, JIN Xide, LIN Xiaoguang and MA Chengsan who worked in Japan, and some Japanese officials (as officials of OECF or representatives stationed in Beijing or former ambassador to China) who directly and indirectly took part in Japan's ODA to China, such as YANAI Shinichi, MATSUURA Koichiro, NIRASAWA Yoshio, MIYAMOTO Yuji, NOMURA Toru, NISHIGAKI Akira, YAMANE Ryotaro, some of the opinions published on the journal *World Economic Review*, *see the book On Japan's ODA policy*, p. 222.

Friendship Hospital, Chinese-Japanese Youth Exchange Center, China-Japan Friendship Center for Environmental Protection, China-Japan Friendship Hospital (of Jilin University) increased around 1984, nearly 30 times in 1984 in which about 12 times related to Japan's ODA to China, and was the maximum in 1980s. These projects have operated for many years and deepened into the hearts of Chinese people. Since the detente of bilateral relations in 1990s, the leaders visited each other and Japanese Mikado visited China and the 20th anniversary of the normalization of China-Japan diplomatic relations, all of these issues made the reports about bilateral relations increased to 70 times including Japan's ODA to China. Japan has ever denounced that the publicity by China's media were not enough, Chinese people knew little about Japan's ODA to China. But as it known to all, the network technology has just been unfolding in the 1990s, media technology was not advanced as now. The war of aggression against China launched by Japan and some anti-China remarks by right-wing forces in Japan hurt Chinese people deeply, some high-level leaders (KOIZUMI Junichiro) repeatedly paid homage to the Yasukuni Shrine, which weakened Chinese people's willingness of knowing actively and appreciating Japan's ODA to China. But in fact, both China and Japan ever tried hard to improve these situations, as mentioned before in the paper, the official files released by Japan MOFA disclosed for many times, Chinese leaders promised to strengthen the publicity. As the development of media technology, Chinese people's capacity of getting information enhanced and channels widened, and people-to-people exchanges were closely, ordinary Chinese people know more about Japan's ODA to China and review it more objectively. When met important time nodes, two countries held some commemorative activities with wide and strong publicity. For instance, on the occasion of 30th anniversary of the normalization of China-Japan diplomatic relations, *Guangming Daily* consecutively reported with long length about Japan's ODA to China, and also reported the activities of

China-Japan Environmental Cooperation Week held in Beijing in October.[31] The year of 2022 was the 50th anniversary of the normalization of China-Japan diplomatic relations, and the end of Japan's ODA to China, the related reports and discussions were more extensive than before.

In fact, Japan's ODA for projects spread all of China, from preparation to establishment of every special project, the most impressed to is no more than local people. For instance, related materials described in detail the process of how to win over the yen loan in order to deal with the shortage of funds when built Wuhan Changjiang River Bridge in the late of 1980s, readers can feel the happiness of local government and the persons in charge after getting the support of yen loan between the lines, the establishment of the Bridge solved the traffic jam in the city at that time, and contributed to local economic development.[32] For another example, the Second Water Purification Plant of Changchun, Jilin Province has got grant aids twice to repair and transform old equipment from 1986 to 1987, and from 1990 to 1991, and got 2,029 million yen and 1,884 million yen respectively. In 2002, Japan provided grant aid of 999 million yen to China-Japan Friendship Water Plant (its predecessor is the Second Water Purification Plant of Changchun) for improving control equipment.[33] Grant aid and technical cooperation also played important roles. For example, Japan's grant aid to Huadian City, Tongyu County in Jilin Province for hospitals and facilitates from 1997 to 1998, local people enjoyed the real welfare.[34] Though after 2000, Japan increased the small-scaled projects, the

---

31) See the report "China-Japan Environmental Cooperation Week", *Guangming Daily*, 8 October 2002. https://www.gmw.cn/01gmrb/2002-10/09/2002-10-09-Homepage.htm

32) See Rainbow Capriccio, by DONG Hongyou. This project has got the amount of 4,764 million yen.

33) See "The Story of Changchun Old Buildings-Xinjing Nanling Water purifying Plant", http://www.360doc.com/content/11/0924/16/1336297_150899280.shtml

34) See *The Record of Japan's Grants to China*, p. 129.

projects partially for the purpose of expanding influence, and contributed to the grass-roots service facilities and environmental improvement for relatively poor areas of China, enhanced understanding and emotions between people in two countries at the same time.

4-3　Review on the bilateral economic and trade development

As mentioned, Japan's ODA to China very closely associated with China's reform and opening-up and economic construction, especially, the periods of the yen loans for the first fourth times corresponded to China's 6th Five-Year Plan to the 9th Five-Year Plan, the achievements in economic infrastructure and social infrastructure are obvious to all, such as in railway, road, port, airport, urban traffic, telecommunication, electric power, energy conservation, water delivery, education, etc.[35] Infrastructure construction greatly improved China's investment environment, with China's stable economic growth, bilateral economic and trade developed very fast. This just shows that Japan's ODA to China benefit both China and Japan, achieved the win-win situation.

The win-win effect in the yen loans was very obvious, one of the typical cases was that the bilateral trade in oil and coal since 1980s. Under the circumstances of shock of oil crisis in 1970s, Japan needed urgently the stable supply of resources, especially oil and coal, Japan focused on the yen loans for the infrastructures in transportation so that guaranteed the supply from China. There were 4 projects for transporting coal among the 5 projects implemented of the first yen loan, the yen loan for Shijiusuo port project amounted to 42.945 billion yen, Yanzhou-Shijiusuo railway project amounted to 39.71 billion yen, Beijing-Qinhuangdao railway project amounted to 87 billion yen, Qinhuangdao port expansion project amounted to 27.785 billion yen, all above accounted for

---

35) 　See the books of SHI Yonghai, JIN Xide, LIN Xiaoguang and related materials released by Japan MOFA.

near 60% of total amount of the first yen loan.[36] In the second yen loan, 22 billion yen was used to expand Qinhuangdao port, 18.41 billion yen was used to build Datong-Qinhuangdao railway. In the third yen loan, 6,459 million yen was used to build wharves of Qinhuangdao port, 11.121 billion yen was used to build berths for the fourth stage, 6,089 million yen was used to build Shijiusuo port for the second stage. The yen loans for the first three times used in infrastructures for coal transportation were more than 260 billion yen, these projects increased the throughput capacity of Qinhuangdao port as the largest coal outport in China and the transport capacity of Shijiusuo port. The first heavy-load coal line Datong-Qinhuangdao railway was built up, many channels were connected from coal origins to the ports of shipment. All of these played important part in guaranteeing the import of coal from China.

To retrospect the bilateral trade before the start of Japan's ODA to China. Affected by the domestic and international situations of both countries in the 1950s and 1960s, China-Japan bilateral trade experienced non-governmental agreement trade to friendly trade, then memorandum trade. The volume of trade was very small with limited categories and major fluctuation. Even so, Japan became the largest trade partner of Japan in 1966, all the efforts before laid a foundation for the normalization of China-Japan diplomatic relations and rapid development of bilateral trade. The volume of bilateral trade was $128 million in 1956, which was the maximum volume in the 1950s, increased to $1,038 million in 1972 which was more than 8 times of the volume of 1956, and compared with the $806 million in 1970, also increased by 28.8%. *China-Japan Treaty of Peace and Friendship* was signed in 1978, and the bilateral volume of trade increased to $4,824 million, and then $6,708 million in 1979 which was more than 6 times of the volume in 1972. During this period of time, China

36) See the book *On Japan's ODA policy*, p. 222.

mainly exported oil, coal and building materials to Japan, and imported steel, machinery, chemical fertilizer, chemical fiber and pesticide from Japan, China was always in a trade deficit.

Since the 1980s, as the implementing gradually Japan's ODA to China and deepening of China's reform and opening-up, China-Japan relations entered a period of all-round development. From 1966 to 1986, Japan has been China's first trade partner for 21 years, the volume of bilateral trade increased from $600 million to more than $10 billion, which broke $20 billion in 1985. With the stable increase of bilateral volume, China's trade deficit with Japan decreased gradually, and in 1982, the 10th anniversary of the normalization of China-Japan diplomatic relations, China has $960 million trade surplus with Japan for the first time, but in the following years China still was in trade deficit for a long time. Since 1987, Japan has been the second trade partner of China for several years, but an annual growth trend of nearly ten billion steps in the 1990s, China has small trade surplus twice only in 1990 and 1991. In 1993, Japan was backed the first trade partner of China till 2000. From 1999 to 2008, the volume of bilateral trade has repeatedly set new highs for consecutive ten years, and broke $100 billion, only 4 years later broke $200 billion in 2006, and in 2011 broke 300 billion and reached $342.834 billion. In the recent 10 years, the volume of bilateral trade was almost over $310 billion, excluding less than $280 billion in 2015 and 2016. With the diversification of China's foreign trade partners, the shares of China-Japan bilateral trade in China's foreign trade experience slightly increase to decrease in this period. In the 1980s and first half of 1990s, the shares were around 20%, then decreased consecutively since 1997, decreased to 10.4% in 2008, and around 7% recently. According to Japan Customs, China overtook the US to be Japan's first trade partnership, it shows that China and Japan have been important trade partners of each other for more than 20 years. Though the trade balance status differed because of respective methods of statistics, the undeniable fact is that in recent decades, the volume of bilateral trade kept rising, the structure of bilateral trade optimized gradually, bilateral trade realized mutual exchange of needs and win-win.

The yen loan to China also played important part in China's foreign government loans, according to the release of original Ministry of Foreign Trade and Economic Cooperation, from 1979 to June 1996, the effective amount of utilization of the yen loan accounted for 41.91% of total foreign government loans.[37] From 1997 to 1999, the amount of foreign government loan actually utilized was $3,633 million, $2,900 million and $3,316 million, and the yen loan to China was $557 million, $1,084 million and $1,182 million, the share was 15.4%, 37.4% and 35.6% respectively, which were still high.[38] Because the yen loan decreased quickly after 2001, the shares in China's foreign government loan were getting lower and lower, Japan's ODA to China promoted the development of bilateral trade, and at the same time, attracted more Japanese enterprises to invest in China. From the changes of Japan's FDI actually utilized by China, the total amount from 1979 to 1989 was only $1,830 million, and broke $1 billion in 1993, then $31.1 billion in 1995, increased to $43.3 billion in 1997. After fluctuations, the amount increased from 2001 to 2005 again, and reached $65.3 billion and the peak was $73.5 billion. After that, the amount decreased but still over $30 billion, nearly $40 billion in 2021. From the shares of the amount of foreign investment actually utilized since 1997, the total trend of the shares of Japan was decreasing, from around 10% to less than 3%.

Objectively speaking, Japan's ODA to China did play a big role under the circumstances of shortage of funds in the early of China's reform and opening-up. With the all-round development of China's economy, Japan has got

---

37) See the book *How to Utilize the Yen Loan*, p. 31.

38) According to the *China Statistical Yearbook* 1999–2000 released by National Bureau of Statistics of China, *Japan's ODA data by country 2002* released by Japan MOFA.

considerable benefits from the bilateral business activities, such as bilateral trade and FDI with China.

5. China-Japan Economic Cooperation in the New Era and Prospect

As mentioned above, after 2000, Japan has significantly changed its ODA policy towards China, gradually reduced the scale of Japanese yen loans, and the areas of assistance and focus fields have changed. Especially after the approval of new projects with Japanese yen loans was completely stopped in 2008, grant aid and technical cooperation were also inclined to "software" fields, such as talent training, institutional construction and others. Over the past 20 years, China has been ready to graduate from Japan's ODA gradually, and Japan has also achieved its original intention to China's ODA. The two countries have not only achieved the "soft landing" of ODA graduation, but also continuously explored and started new cooperation models. In the context of the new era, the economic cooperation between the two countries has a brilliant future.

5-1　Continue to deepen third-party market cooperation

Memorandum of Understanding on Third-Party Market Cooperation between Chinese and Japanese Businesses was signed in May 2018, this marked that China and Japan kicked off a new style of cooperation mode. At the first "China-Japan Third Party Market Cooperation Forum" held in October of that year, 52 cooperation agreements were reached, covering finance and insurance, energy conservation and environmental protection, infrastructure, intelligence, electric vehicles, medical care, trade promotion, talent training, logistics, food and other fields. The partners include state-owned enterprises, private enterprises, multinational companies, as well as local governments, institutions and associations. The enterprises of the two countries have their own comparative advantages, can form complementary advantages, avoid vicious competition in the third-party markets such as Southeast Asia and Russia, and cooperate to provide high-quality products and services, creating a win-win situation in many ways.

However, compared with the current third-party market cooperation between China and other developed countries, especially France, Italy and other EU countries, the third-party market cooperation between China and Japan is still relatively conservative. For example, since the establishment of third-party market cooperation with France in 2015, China and France have communicated frequently, held steering committee meetings and third-party market cooperation seminars for many times, and signed a list of four rounds of key projects by February 2022. The cooperation methods are flexible and diverse, breaking through difficult factors, such as the impact of the COVID-19, making a number of key projects implemented in Africa, Southeast Asia and Central and Eastern Europe, with obvious demonstration effects. Since the signing of the *Memorandum of Understanding on Third-Party Market Cooperation* with Italy in September 2018, the governments, enterprises and financial institutions of China and Italy have actively carried out relevant work. The working group has held up to six meetings. By October 2021, the second round of key project list has been reached, and the project implementation is progressing smoothly. Since the signing of the memorandum between China and Japan, the two sides have only held a cooperation forum in the same year, and there is no mention of demonstration projects or key projects. The promotion trend is inferior to that of third-party market cooperation between China and other countries at the same time or later. Some of them are affected by the COVID-19 and the political unrest, but more importantly, there are many other factors, the Japanese government has always reserved its attitude towards has concerns about the cooperation between China and Japan in the third-party market, and intends to avoid the markets and fields involved under China's "the Belt and Road" initiative, in particular, closely follow the strategic needs of the Japan-US alliance, add the so-called values such as human rights into the cooperation rules. In terms of cooperation objects, it is more inclined to private enterprises and other factors. In October 2020, National Development and Reform Commission issued the "Implementation Opinions on Supporting Private Enterprises to Accelerate Reform Development and Transformation Upgrading", which clearly put forward the need to actively build a platform to support private enterprises to carry out third-party market cooperation and help them to expand the international market, which means that more and more Chinese private enterprises will participate in third-party market cooperation. China and Japan should take the 50th anniversary of the normalization of diplomatic relations as an opportunity to further consolidate the foundation of peace and friendship, enhance political mutual trust, strengthen the communication and interconnection of third-party market cooperation, actively expand cooperation areas, and deepen the development of more inclusive and high-standard third-party market cooperation.

5−2　Continue to explore potential areas of cooperation

Firstly, the two countries should actively take advantage of the new opportunities of multilateral agreements. Since 1 January 2022, the RCEP agreement, which included China and Japan for the first time, has come into force. It is remarkable that not only the import tariffs of the two countries will be significantly reduced which will benefit the majority of enterprises and consumers, but also many good contents including the expansion of the scope of specific commitments in service trade and investment, e-commerce and other benchmarking international high-level rules, and so on. These provisions are conducive to expanding mutual investment between the two countries, and can undoubtedly play a positive role in developing cross-border e-commerce and digital service trade. At the same time, the RCEP agreement is also the first one that China, Japan and South Korea are included in the same free trade agreement, which has laid a solid step for further promoting the negotiations on China-Japan-ROK free trade agreement. In addition, China formally submitted the application to join the CPTPP in September 2021, and Japan is the leader of the CPTPP. It can be predicted that under the framework of the new multilateral agreement, the space for economic and trade cooperation between China and Japan will be further expanded.

Secondly, the two countries should strengthen cooperation in key areas. As mentioned earlier, one of the key points of Japan's fourth yen loan adjustment to China was to focus on environmental protection projects. Since then, it has also continued to strengthen technical cooperation in the field of energy conservation and environmental protection. Both countries have committed to achieving carbon neutrality by 2050, and have set medium-term emission reduction targets by 2030. Green, low-carbon and environmental protection will be the key words of in-depth cooperation between China and Japan. Among them, the China-Japan Comprehensive Forum on Energy Conservation and Environmental Protection, which has been successfully held for 15 sessions since 2006, should be said to be a fairly representative cooperation platform for the two countries in specific areas of cooperation. At present, 413 cooperation projects have been signed. Therefore, the cooperation between the two countries in the fields of energy conservation and environmental protection and green development can be seen, and the potential for future cooperation is huge. In addition, Japan is an early country in the world to enter the aging society with lower birth rate, and has accumulated technology and rich experiences in the field of health care. China, which is also facing the challenge of aging and lower birth rate, has a vast market, which provides an unprecedented opportunity for the two countries to strengthen cooperation in depth. In fact, the implementation of the RECP agreement has greatly stimulated the enthusiasm of the cooperation in the elderly care market between the two countries. However, the cooperation should focus on exploring the elderly care model in line with China's national conditions, strengthen intelligent medical care, rehabilitation, etc., and extend to comprehensive cooperation in the life and health industry. It is worth mentioning that the Chinese government approved the establishment of six China-Japan local development cooperation demonstration zones in 2020, which are located in six cities, namely Chengdu, Tianjin, Dalian, Shanghai, Suzhou and Qingdao. Each cooperation demonstration zone focuses on different industries. Among them, the Jinghai District of Tianjin is to build a health industry development cooperation demonstration zone, aiming to set a model for China-Japan cooperation in the construction of a modern health industry system and a full-life cycle health public service system, and play a leading role in demonstration.

In addition, the two countries have actively used the established exchange mechanism to promote economic and trade cooperation. For example, the "Beijing and Tokyo Forum", which originated in 2005, has been successfully held for 18 times.[39] The "Declaration on Peace and Cooperation" issued at the 18th Beijing-Tokyo Forum on December 8, 2022, is regarded as the final work to commemorate the 50th anniversary of the normalization of Sino-Japanese diplomatic relations. Many consensus has been reached on China-Japan

---

39) The "Beijing-Tokyo Forum" is currently the highest level and largest public diplomacy and people-to-people interaction and exchange platform between China and Japan. It plays an important role in promoting the healthy and stable development of bilateral relations and enhancing mutual understanding and trust between peoples in two countries. The theme of the 18th Forum is "The responsibility of China and Japan to maintain world peace and international cooperation-reflections on the 50th anniversary of the normalization of diplomatic relations".

economic and trade cooperation in the sub-forums, highlighting the promotion role of the civil level in the exchange and cooperation between the two countries. Such a platform and mechanism should be further consolidated and strengthened.

5−3　Fully follow up the guidance of domestic and foreign policies of the two countries

In the post-epidemic era, the two countries are committed to economic recovery and development, and each country adopts relevant policies to stimulate economic recovery to stimulate potential domestic demand while expanding the external economy. Since 2018, China has held five consecutive international import expositions, providing a high-quality platform for Japanese enterprises under the impact of the COVID-19 to understand the needs of the Chinese market and expand and improve businesses in Chinese market. Besides of the green and low-carbon fields, there is great potential for cooperation and development in digital transformation and intellectual industries, digital culture, sports and education, and many Japanese enterprises benefited from it. In December 2022, the Chinese government released the *Outline of the Strategic Plan for Expanding Domestic Demand (2022−2035)*. It is an important way to boost domestic demand by deepening reform and opening up, enhancing the growth momentum of domestic demand, expanding third-party markets, and promoting in-depth cooperation with neighboring countries and regions in agriculture, energy, service trade, high-tech and other fields. These are just the areas of cooperation that can be further explored between China and Japan. Japan should seize the rare opportunity of China's expanding the scale of domestic demand and optimizing the structure of domestic demand. China should also attach great importance to and make use of Japan's relevant policies to restore the domestic economy and the choices of restructuring the global supply chain. China and Japan should work together to open a new window of cooperation and create new patterns of cooperation between the two countries in the new era.

References

BLAISE, Severine (2005), "On the Link between Japanese ODA and FDI in China: A Microeconomic Evaluation Using Conditional Logit Analysis," Applied Economics, January, Vol. 37, issue 1, pp. 51–55.

JIN Xide (2000), *Japan's ODA*, Beijing: Social Science Academic Press (in China).

KUSANO, Atsushi and Takehiro OKAMOTO (2004), "Analysis of Media Coverage of ODA to China: Focusing on Comparison of Newspaper Reports," Keio University Graduate school of Media and Governance, Policy and Governance Working Paper Series, May, No. 40, pp. 1–23 (in Japanese).

LIN Xiaoguang (2003), *Japan's ODA and China-Japan Relations*. Beijing: World Affairs Press Co. Ltd. (in Chinese).

Ministry of Foreign Affairs of Japan, https://www.mofa.go.jp/mofaj/gaiko/oda/shiryo/hakusyo.html

National Bureau of Statistics of China, http://www.stats.gov.cn/

OKADA, Minoru (2003), "Views on ODA and the Japan-China Relationship Found in ODA Studies in China," Kokusai Kyoryoku Kenkyu (Research on International Cooperation), October, Vol.19, No. 2, pp. 22–30 (in Japanese).

SHI Yonghai (1996), *How to Utilize the Yen Loan*. Beijing: China's International Business and Economics Press (in Chinese).

ZHANG Guang (1996), *On Japan's ODA Policy*. Tianjin: Tianjin People's Press (in Chinese).

ZHOU Donglin (2005), *The Record of Japan's Grants to China*. Beijing: Social Science Academic Press (in China).

第 2 章

世界経済と日本経済の中国依存をどのように理解するか

谷 口 洋 志

1. はじめに

世界経済における中国の存在感が強まっている。世界全体の GDP（名目GDP，米ドル表示）に占める中国の比重は，2000 年の 3.6%，2010 年の 9.1% から 2021 年の 18.4% へ上昇した。世界全体の財・サービス輸出（名目，米ドル表示）に占める中国の比重は同期間に 3.2%，8.6%，12.7% へと上昇し，財・サービス輸入に占める比重も 2.8%，7.7%，11.5% へと上昇した。世界全体の GDP に占める中国の順位は 2000 年の第 6 位から 2010 年以降は第 2 位を維持している。

中国のこうした躍進を背景として，米国ではトランプ政権に続いてバイデン政権も，中国を事実上の競争相手と位置付けるだけでなく，米国の安全保障や国益によって無視できない危険な競争相手と捉え，中国系の通信機器メーカー（ファーウェイ，ZTE など）や情報通信サービス企業（TikTok など）を中心に制裁を加えてきた。

一方，米国を含む世界の多くの国では，様々な側面における中国依存が強まっている。例えば，対中輸出入総額の自国 GDP に対する割合が 20% 以上の国・地域は，2000 年の 3，2010 年の 21，2021 年の 32 へと増加し，これが 10% 以上になると，11，38，69 にまで増加する。一方，対米輸出入額の自国 GDP に対する割合が 20% 以上の国・地域は，28，17，16 へ，10% 以上の国・地域も，

57，43，38 と減少する。つまり，対中依存の国・地域が増加する一方，対米依存の国・地域が減少し，いまや対中依存の国・地域が対米依存の国・地域を大きく上回り，約2倍多いのである。

　本章は，こうした対中依存の強まりをどのように理解したらよいかについて考察する[1]。この問題が一見したほど単純ではなく，非常に複雑に絡み合った国際経済関係の中で理解しなければならないことを本章で確認する。第2節から第5節では，貿易，サプライチェーン，先端技術（ハイテク），レアメタル（およびエネルギー）の4つに分けて中国依存の実態について整理する。第6節は，中国依存が中国への一方的な全面依存を意味しないことを論じる。第7節は結びである。

2. 粗貿易と付加価値貿易

　中国は世界最大の輸出国であり，世界最大の製造大国でもある。しかし，製造現場が中国国内であったとしても，その中間財までも中国国内製造であるとは限らないし，また，製造を行っている企業が中国国内企業であるとは限らない。こうした点に着目して，輸出額のどれだけが当該国内で生産され，どれだけが外国で生産されたかをみる付加価値貿易（TiVA, trade in value-added）の議論がある。

　付加価値貿易の考えは，基本的にはこうである。いま，日本が中国に中間財を x ドル輸出し，中国がその中間財を用いて最終財を米国に y ドル輸出したとする。通常の貿易データでは，中国から米国への輸出は y ドルとされる。この y ドルのうち，中国から米国への輸出に占める外国（日本）の付加価値は x ドルで，残りの y−x ドルが中国国内の付加価値である。つまり，y ドルは中国から米国への粗輸出（gross exports），y−x ドルは中国から米国への国内付加価値分，x ドルは中国から米国への外国付加価値分である。このように，2国間の輸出入を付加価値ベースでみようというのが，付加価値貿易の考えである。

---

1)　中国依存の問題については，谷口（2014, 2023a），谷口・高（2020, 2021, 2022）等で検討を重ねてきた。

粗輸出が輸出国の表面的な輸出力を示すとすれば，付加価値輸出は輸出国の実質的な輸出力を示すと考えられる。そこで，2 国間の貿易関係は，粗貿易ベースよりも，付加価値貿易ベースでみたほうが適切であるという考えから，OECD（経済協力開発機構）と WTO（世界貿易機関）が中心となって付加価値貿易データが推計・公表されている[2]。

図 2-1 は，OECD が推計した主要国・地域の粗輸出に占める外国付加価値率の推移を示したものである。図より，中国の粗輸出に占める外国付加価値率は 14～24％の範囲にあり，2003～2008 年までは 20％を超えたこともあったが，2015 年以降は 16～17％となっている。中国の 2015 年以降の数値は，EU27 カ国や日本とほぼ等しく，10％前後の米国より高く，30％前後の韓国より低い。

要するに，中国の輸出のうちの約 2 割は外国の貢献分であり，この部分は中国の外国依存を表している。なお，2018 年における外国貢献分の内訳は，韓

図 2-1　粗輸出に占める外国付加価値率：1995～2018 年

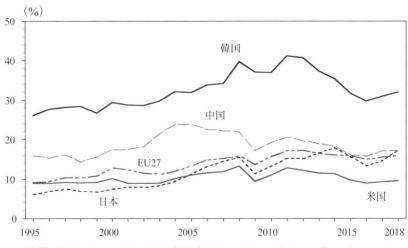

（出所）OECD, Trade in Value Added（TiVA）2021 ed: Principal Indicators（https://stats.oecd.org/Index.aspx）.

2)　https://www.oecd.org/sti/ind/measuring-trade-in-value-added.htm

国 11.8％, 米国 9.7％, 日本 8.9％の順となっている。1995 年の内訳は, 日本
24.5％, 米国 12.1％, 韓国 8.4％であったので, 韓国の比重が上がり, 日本と
米国の比重が下がった。特に, 日本の比重が大きく落ち込んだ[3]。

　OECD は, 付加価値貿易の現状を国別にまとめており, 中国の付加価値貿易
については以下のように整理している（OECD, 2022）。

(1)　中国の粗輸出における外国付加価値率は, 2008 年の 21.9％から 2018
　　年の 17.2％へ低下した。特に, 中国最大の輸出産業である ICT・エレク
　　トロニクス部門の外国付加価値率が 34.9％から 27.1％へ低下した。これ
　　は, 中間財の国内調達（内製化）が進んでいることを示す。

(2)　外国の最終需要に牽引される中国の国内付加価値率は 23.7％から
　　14.4％へ低下した。同時に, 粗輸出に占める輸入中間財のシェアは
　　37.7％から 26.2％へ低下した。これは, 外国需要向けから国内消費向け
　　に生産がシフトしていることを示す。

(3)　米国・EU・日本は, 粗貿易でも付加価値貿易でも中国の主要貿易相手
　　国であるが, ベトナム・カンボジアなど地域貿易相手国と中国との統合
　　がここ 10 年でかなり進展した。

(4)　中国の粗輸出に占めるサービスの構成比は 34.3％から 37.8％（うち外国
　　の付加価値の寄与は 6.1 ポイント）へ上昇した。特に, 製造業粗輸出の付加
　　価値に占めるサービスの構成比は 26.4％から 29.4％へ上昇した。

3.　サプライチェーン

　2022 年の米国大統領経済報告に添付された経済諮問委員会の年次報告（CEA,
2022）の第 6 章では, 「強靱なサプライチェーンの構築」について論じている。
第 6 章の結論では, 「アウトソーシング, オフショアリングや不十分な強靱化
投資のために, 多くのサプライチェーンが複雑かつ脆弱となり, 中心ノードは

---

　3)　数値は, 図 2-1 の出所より計算した。

機敏性（agility）を欠き，代替財をほとんど持たない」と述べている。そして，こうした変化の一部は技術進歩によるものであるが，近視眼的な費用削減戦略も関わっているとする。

　企業のアウトソーシング（外部委託）は，企業に直接供給する一次サプライヤー（Tier 1 supplier），1 次サプライヤーに供給する 2 次サプライヤー（Tier 2 supplier），さらにその下のサプライヤーに分かれる。主要企業が抱える 1 次サプライヤーと 2 次以下のサプライヤーをみると，GM が 856 社と 18,000 社以上，エアバスが 1,676 社と 12,000 社以上，アップルが 638 社と 7,400 社以上，ネッスルが 717 社と 5,000 社以上を持つなど，巨大なサプライヤーのネットワークができている（CEA, 2022, p. 195）。

　多国籍企業は，アウトソーシングとともに，オフショアリングも推進してきた。オフショアリングとは，製造・サービスや部品・資材調達の海外移転のことであり，要するに海外での経営や調達を意味する。企業がオフショアリングを進めてきた背景には，海外の低賃金労働力の利用や，自国では利用できない自然資源や優れた技術へのアクセスといった競争優位につながる利点がある（ibid., pp. 194-195）。

　企業が在庫・過剰人員削減などの資産軽減戦略（asset-light strategy）を進める一方，アウトソーシングやオフショアリングを通じてグローバル・サプライチェーンが構築されたことは，費用削減，生産性向上や所得増加につながる一方で，供給途絶に対する脆弱性を強めることとなった（ibid., p. 191）。グローバル・サプライチェーンの潜在的脆弱性の問題は，Covid-19 パンデミックの発生による供給途絶によって顕在化した（ibid., p. 220）。

　ここで問題となるのは，中国がグローバル・サプライチェーンの重要な一角を占めていることである。経済諮問委員会の年次報告は，中国政府の産業政策や米国企業の資産軽減戦略の助けもあり，「中国は，多種の不可欠なサプライチェーンにおいてかなりの市場支配力を持つに至った」とし，こうした海外依存は，「特に密接な代替品が乏しい財を中心にサプライチェーンを脆弱化」させていると論じている（ibid., pp. 202-203）。

サプライチェーン強靱化策[4] として，経済諮問委員会は，企業の資産軽減戦略の見直しや政府介入の必要性などを論じているが[5]，ここでは，グローバル・サプライチェーンにおける中国の比重についてみておきたい。

図 2-2 は，グローバル・サプライチェーンにおける中国の比重を表すものとして，OECD が公表するグローバル・バリューチェーン（GVC）への中国の参加度合いを示したものである。図中の後方参加指数は，自国の輸出に占める外国からの輸入中間財の割合であるのに対し，前方参加指数は，自国の輸出に占める「外国の輸出に使用される自国の中間財」の割合を示す。なお，ある国の世界全体に対する後方参加指数は，図 2-1 における当該国の粗輸出に占める外国付加価値率に等しい。

図より，GVC における中国の参加度は 2 割前後であり，後方参加指数が低

図 2-2　中国の対世界 GVC 参加指数：1995〜2018 年

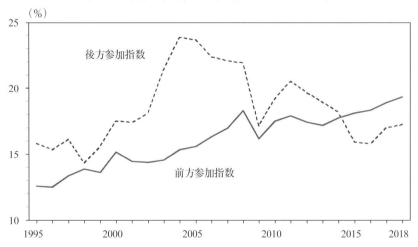

（出所）OECD, "Trade in Value Added（TiVA）2021 ed: Principal Indicators"（https://stats.oecd.org/Index.aspx?DataSetCode=TIVA_2021_C1）より作成。

---

4)　サプライチェーン強靱化の問題は，コロナ禍で重要な課題となり，ウクライナ戦争ではさらにその重要性が増した。ウクライナ戦争に関わる各国の動きについては，谷口（2022a, 2022b, 2023a 〜 d）で詳細に論じた。
5)　経済諮問委員会の議論については，谷口（2023c）でも論じた。

下する一方，前方参加指数が上昇する傾向にある。これは，中国の輸出における海外依存が弱まる一方，外国の輸出における中国依存が強まっていることを示唆する。

4.　先端技術（ハイテク）

4-1　米国側統計

2022 年 11 月 25 日，米国連邦通信委員会（FCC）は，国家安全保障にとって容認できない危険を及ぼすとみなされる通信機器が米国国内で販売または輸入許可されることを禁止する新たな規則を採択した（FCC, 2022）。対象となる中国企業は，華為技術（ファーウェイ），中興通訊（ZTE），杭州海康威視数字技術（ハイクビジョン），浙江大華技術（ダーファ・テクノロジー），海能達通信（ハイテラ）の 5 社とその子会社・関連会社である。このうちハイクビジョンとダーファは監視カメラ，ハイテラは無線機のメーカーである。同年 11 月 24 日には，英国政府も中国製監視カメラの規制を発表した[6]。

中国系ハイテク企業の排除は，動画共有アプリの TikTok にも及ぶ。すでに複数の州政府が政府機関での TikTok の使用禁止を発表し，2022 年 12 月中旬には米国上院議員による禁止法案も発表された。2023 年 3 月には，下院外交委員会で米国国内における TikTok の利用を禁止する法案が可決された。

中国系企業が提供する情報通信技術（ICT）関連の製品やサービスは，データの取得・分析・伝送に関わり，軍事転用や軍事利用，機密情報の漏洩や国外伝送，諜報活動，検閲や情報操作にもつながり，国防上の安全を損ねる可能性があるとされている。こうした米国国内での使用禁止・制限に加え，以前から米国の先端技術製品や半導体の対中輸出規制も導入・拡大されてきた（谷口, 2023a）。

奇妙なことに，米国国内での中国企業の ICT 製品・サービスを排除する一

---

6)　日本経済新聞「ファーウェイなど 5 社の米国販売禁止　米中分離一段と」2022 年 11 月 26 日電子版および同「英，中国製監視カメラを規制　政府機関の使用停止」2022 年 11 月 25 日電子版を参照。

方で，先端技術製品（ATP，Advanced Technology Products），とりわけ情報・通信の貿易をめぐっては過度の中国依存が続いている。

　2022年の場合，米国のATPの輸出は3,905億ドル，輸入は6,346億ドルで，貿易収支は2,441億ドルの赤字であった。中国との間ではATPの輸出が369億ドル，輸入が1,502億ドルで，貿易収支は1,133億ドルの赤字であった。つまり，中国の比重は，ATPの輸出では9.4％，輸入では23.7％であるが，貿易赤字の46.4％を占めた。しかも，中国からのATP輸入の90.4％が情報・通信であり，対中国情報・通信貿易赤字は1,321億ドルで，対中国ATP貿易赤字の1,133億ドルを上回っている。

　図2-3が示すように，ATPとりわけ情報・通信製品をめぐる米国の中国依存は，過去からずっと続いている。2018年までは，

　　　対世界情報・通信貿易赤字 ＞ 対中国情報・通信貿易赤字
　　　　　　　　　　＞ 対中国ATP貿易赤字 ＞ 対世界ATP貿易赤字

となる状況が続き，2019年からはこれらの大小関係が微妙に変わったものの，

図2-3　米国の先端技術製品（ATP）貿易：2006～2022年

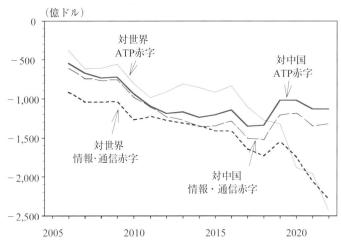

（出所）United States Census Bureau, "Foreign Trade/ FT900: U.S. International Trade in Goods and Services" より作成。

対世界でも対中国でも，ATP 貿易赤字のほとんどが情報・通信貿易赤字となっている。そして，2011 年から現在に至るまで，対中国 ATP 貿易赤字と対中国情報・通信貿易赤字は毎年 1,000 億ドルを超えたままである。

このように，米国国内では ICT 製品・サービスの中国排除が進む一方で，ICT 貿易では高い中国依存が続いているという現実をどのように解釈したら良いのだろうか。3 つの可能性が考えられる。

第 1 は，米国が排除を目論む製品・サービスが，ATP 貿易の情報・通信製品の中では大きな比重を占めていないという可能性である。そこで，情報・通信に関する米国商務省センサス局の定義をみると，情報・通信とは，「情報の増加量をより短い時間で処理できる製品に焦点を当てたもの。これには，中央演算処理装置（CPU），あらゆるコンピュータ，記憶装置・制御装置等の周辺機器，モデム，ファクシミリ装置，電話交換装置が含まれる。その他製品としては，レーダー装置や通信衛星も含まれる」としている[7]。

要するに，米国が排除を進めている ICT は，通信技術（CT）系であり，必ずしも情報技術（IT）系ではない[8]。IT は，スタンドアロンとして利用され，ネットワークの一部として通信が組み込まれない限り，規制の対象とはならない可能性がある。例えば，中国が得意とするパソコンや液晶パネルは，（追加関税の対象となっても）排除の対象とはならない。

第 2 は，米国が排除を目論む製品・サービスには米国企業がほとんど関与していないこと，つまり中国企業のシェアが圧倒的に高く，米国企業のシェアがかなり低いという可能性である。例えば，日本経済新聞社が調査した主要 56 品目上位 5 社の 2021 年のシェア状況から，以下の点が浮き彫りになった[9]。

7)　U.S Census Bureau, "Advanced Technology Product（ATP）Code Descriptions/ General ATP Code Definitions"（https://www.census.gov/foreign-trade/reference/codes/atp/index. html）.

8)　ICT はもともとコンピュータのハードウェア・ソフトウェア・サービスを中心とする IT（情報技術，Information Technology）と，通信機器・サービスを中心とする CT（通信技術，Communications Technology）から構成されるものである。

9)　日本経済新聞，2022 年 11 月 22 日電子版およびその詳細統計（https://vdata.nikkei. com/newsgraphics/share-ranking/#/year/latest/chart-cards）に基づく。

・首位の品目数は，米国 18，中国 15，日本 7

・上位 5 社合計シェアの国別トップの品目数は，米国 22，中国 15，日本 9

・上位 5 社に中国企業が含まれる品目数は 32，うちシェア拡大 21，低下 11

・中国企業シェアが 30％以上，米国企業シェアが 10％以下の品目数は 13

　特に，中国企業のシェアが米国企業のシェアを 30％ポイント以上引き離している品目は，携帯通信インフラ（基地局），大型液晶パネル，中小型液晶パネル，車載用リチウムイオン電池，リチウムイオン電池向け絶縁体，太陽光パネル，たばこ，家庭用エアコン，監視カメラの 9 品目である。このうちの基地局と監視カメラが排除対象なっている。

　第 3 は，第 2 の可能性の裏返しで，中国から米国へ輸出される製品・サービスには米国企業や非中国企業が深く関与しているために必ずしも排除の対象とならないという可能性である。実際，トランプ政権時代の米中関税競争にみられたように，米国側の追加関税措置では，米国企業が深く関与する製品の追加関税は後回しにされた[10]。

　この第 3 の可能性について注目されるのは，改革開放政策の導入以来，中国は外国資本の誘致・導入に熱心で，図 2-4 が示すように，これまでは外資企業が中国の輸出の大きな部分を担ってきたという事実である。2005 年頃には，輸出も輸入も，その約 6 割が外資企業によるものであったが，最近は 3 割台にまで下落し，2022 年の輸出総額に占める外資企業輸出の比率は 31.3％であり，輸入総額に占める外資企業輸入の比率は 35.1％である。とはいえ，2022 年における外資企業の輸出額は 1.12 兆ドル，輸入額は 0.95 兆ドルであり，決して低くはない数値である。したがって，中国から米国への輸出の何割かは，中国以外の外資企業によるものであり，その中には米国企業も当然含まれるので，米国が中国からの輸入のすべてを排除することはないであろう。

10)　谷口・高（2021）で論じたように，「自国産業・自国民や相手国への影響が考慮され，自国産業・自国民にとって戦略的に重要な品目については適用除外品目とされたり，導入が先延ばしされたりした」のである（92 頁）。

図 2-4　中国の輸出入に占める外資企業の比重：2005〜2022 年

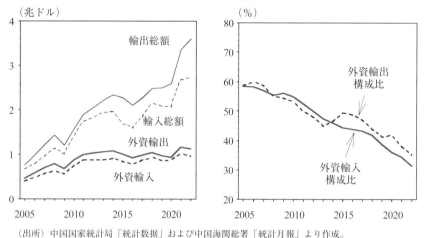

（出所）中国国家統計局「統計数据」および中国海関総署「統計月報」より作成。

4-2　中国側統計

　米国側統計では，中国に対して巨額の先端技術製品貿易赤字を記録しており，そのほとんどが情報・通信製品であった。それでは，中国側の統計ではどうなっているだろうか。

　図 2-5 は，中国の先端技術製品の輸出入額と輸出入総額に占める比重をみたものである。先端技術製品の輸出額は輸入額を常に上回っており，貿易収支は黒字基調である。先端技術製品の輸出入総額に占める割合は 3 割前後で推移しており，2022 年には輸出入構成比ともに若干落ち込んでいる。図より，いくつかの特徴が浮かび上がる。

・先端技術製品の輸出入額はともに増加傾向にある。

・しかし，輸出入に占める構成比は 3 割前後で，上昇する傾向はない。

・輸出額の増加傾向から，中国先端技術製品の競争力が強まっているようにみえる。その意味で，先端技術製品貿易における諸外国の中国依存が強まっている。

・しかし，輸入額も増加傾向にあり，中国の外国依存も上昇している。

・つまり，諸外国の中国依存と同時に，中国の外国依存も強まっている。

　次に，表 2-1 より，2022 年における先端技術製品の品目別輸出入をみると，輸出の半分以上は，米国の情報・通信に相当する計算機・通信技術が占めている。他方，輸入の 6 割は電子技術（米国統計のエレクトロニクスに相当）が占めている。収支差額では，計算機・通信技術の巨額黒字が電子技術の大幅赤字を上回る形で，先端技術製品の貿易黒字が実現している。つまり，計算機・通信技術では諸外国の中国依存が大きいのに対し，電子技術では中国の外国依存が大きい。以上より，情報・通信において米国の中国依存が大きいことは，中国の計算機・通信技術における巨額の輸出額と大幅貿易黒字によって裏付けられる。

　米国側と中国側の統計の一致・不一致をみるために，表 2-2 によりデータをさらに掘り下げてみよう。中国側統計では，先端技術製品の国別貿易は公表されていないので，HS コードの第 84 類「原子炉，ボイラー及び機械類並びにこれらの部分品」と第 85 類「電気機器及びその部分品並びに録音機，音声再生機並びにテレビジョンの映像及び音声の記録用又は再生用の機器並びにこれらの部分品及び附属品」を情報・通信の代理とみなそう。第 84 類にはコンピュータ・周辺機器が含まれるが，原子炉・ボイラーも含まれる。また，第 85 類には通信機器・電子部品が含まれるが，電動機・発動機・掃除機も含まれる。したがって，第 84・85 類の合計は情報・通信の数値よりも大きくなる。

　表 2-2 より，2022 年における米国の対中情報・通信輸入額は 1,357 億ドルで，中国の対米第 84・85 類輸出額 2,519 億ドルの半分強である。また，米国の対中情報・通信輸出額は 36 億ドルで，中国の対米第 84・85 類輸入額 421 億ドルよりもかなり少ない。さらに，米国の対中情報・通信貿易赤字は 1,321 億ドル，中国の対米第 84・85 類貿易黒字は 2,099 億ドルである。このように，情報・通信において米国の中国依存が大きいことは，中国の巨額な第 84・85 類輸出額とその大幅貿易黒字によって裏付けられる[11]。

11）　2022 年における中国の貿易収支は 8,776 億ドルの黒字であり，HS コード品目別では，第 16 部（第 84・85 類）の 6,599 億ドルの黒字，第 11 部（衣類）の 2,882 億ドルの黒字，第 20 部（雑品）の 2,538 億ドルの黒字，第 15 部（非金属）の 1,417 億ドルの黒字，第 5 部（エネルギー）の 7,041 億ドルの赤字が目立つ。

図 2-5　中国の先端技術製品の輸出入額と輸出入総額に占めるシェア：2005〜2022 年

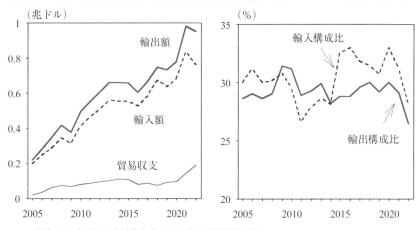

（注）2021 年までは高技術産品，2022 年は高新技術産品。
（出所）中国国家統計局「統計数据」および中国海関総署「統計月報」より作成。

表 2-1　2022 年における中国の先端技術製品の輸出入

品　目	輸出額	輸入額	差　額	米国の ATP 分類に相当するもの
高新技術産品	9,513	7,635	1,879	先端技術製品（ATP）
1　生物技術	22	65	▼ 43	バイオテクノロジー
2　生命科学技術	654	519	135	生命科学
3　光電技術	367	317	50	光エレクトロニクス
4　計算機・通信技術	5,315	1,100	4,215	情報・通信
5　電子技術	2,611	4,717	▼ 2,106	エレクトロニクス
5　計算機集積回路技術	291	601	▼ 310	エレクトロニクス
7　材料技術	134	71	63	先端材料
8　航空航天技術	109	230	▼ 121	宇宙
9　その他技術	11	14	▼ 3	フレキシブル製造，武器，原子力技術

（注）　単位・億ドル。
（出所）中国海関総署「統計月報」より作成。

表 2-2　米中の先端技術製品貿易：2022 年

国	品　目	米国から中国へ	中国から米国へ	差　額
米国	情報・通信	36	1,357	▼ 1,321
中国	HS コード第 84 類	196	1,095	899
中国	HS コード第 85 類	225	1,424	1,199
中国	HS コード第 84・85 類	421	2,519	2,099

（注）　単位・億ドル。差額は，当該国の収支差額。
（出所）　United States Census Bureau, "Foreign Trade/ FT900: U.S. International Trade in Goods and Services" および中国海関総署「統計月報」より作成。

5．レアメタルとエネルギー

5-1　レアメタル

　先端技術製品や次世代自動車の製造には，レアメタルやレアアースが不可欠な資源として利用されており，その中には中国の生産量が大きなシェアを持つものが少なくない。つまり，レアメタルやレアアースの中国依存という問題である。

　レアメタルは，「地殻中の存在量が比較的少なかったり，採掘と精錬のコストが高いなどの理由で流通・使用量が少ない非鉄金属」であり，レアメタルのうち17元素のグループは，希土類（レアアース）と呼ばれる[12]。レアアース17元素を1つとしてカウントすると，レアメタルは31種となり，17元素を個別にカウントすると47種となる。

　レアメタルは，身近な製品や先端技術製品に用いられている。電気自動車やハイブリッド車のモーターやバッテリにはネオジム・ジスプロシウム・リチウム・コバルト・ニッケル，エアコン・テレビ・冷蔵庫・洗濯機にはネオジム・ジスプロシウム，パソコンにはネオジム・ジスプロシウム・コバルト，電気・電子機器にはタンタル，携帯電話にはコバルト・タンタルが使用されている[13]。以上のうちネオジムとジスプロシウムはレアアースに属する。

　表2-3は，2022年のレアメタル生産量における中国の世界順位と世界シェアを示す。レアアースを1つとカウントすると，レアメタル31種のうち中国が第1位のレアメタルが11種，第2位が2種，第3位が3種あり，約半分において中国のシェアが10%以上となっている。ガリウム，タングステン，ビスマス，バナジウムやレアアースではシェアが7割以上で，5割以上のものも計8種ある。

---

12)　国立研究開発法人物質・材料研究機構「レアメタルの基礎知識」（https://www.nims.go.jp/research/elements/rare-metal/study/index.html）より。

13)　産業環境管理協会，資源・リサイクル促進センター「レアメタルリサイクル」（https://www.cjc.or.jp/raremetal/around-life）。

　中国のシェアが大きいのはレアメタルやレアアースに限定されない。表 2-4
が示すように，ベースメタル[14]や貴金属等においても，中国の高いシェアが
目立つ。金・銀・銅，アルミニウム・スズ・鉛・亜鉛・水銀・マグネシウム・
硫黄・ケイ素などでも銀の第 2 位を除いてすべて生産量世界第 1 位である。つ
まり中国は，多種多様な金属を生産する「世界の鉱山生産地」であり，金属資
源や鉱物資源においても諸外国の中国依存がみられる。

表 2-3　2022 年のレアメタル生産量における中国の順位とシェア

元素名	元素記号	中国の世界順位	中国のシェア	第 1 位の国名	備　考
アンチモン	Sb	1	54.5	中国	鉱山生産量
バリウム	Ba	2	24.1	インド	バライト鉱山生産量
ベリリウム	Be	2	25.0	米国	鉱山生産量
ビスマス	Bi	1	80.0	中国	精製生産量
ホウ素	B	上位	不明	トルコ	生産量（全形態）
セシウム	Cs	不明	不明	不明	
クロム	Cr	－	－	南アフリカ	鉱山生産量
コバルト	Co	12	1.2	コンゴ民主共和国	鉱山生産量
ガリウム	Ga	1	98.2	中国	一次生産量
ゲルマニウム	Ge	上位	上位	不明	精製生産量
ハフニウム	Hf	不明	不明	不明	
インジウム	In	1	58.9	中国	精製生産量
リチウム	Li	3	14.6	豪州	鉱山生産量
マンガン	Mn	4	5.0	南アフリカ	鉱山生産量
モリブデン	Mo	1	40.0	中国	鉱山生産量
ニッケル	Ni	7	3.3	インドネシア	鉱山生産量
ニオブ	Nb	－	－	ブラジル	鉱山生産量
白金	Pt	－	－	南アフリカ	鉱山生産量
パラジウム	Pd	－	－	ロシア	鉱山生産量
レニウム	Re	6	4.3	チリ	鉱山生産量
ルビジウム	Rb	不明	不明	不明	
セレン	Se	1	40.6	中国	精製生産量
ストロンチウム	Sr	3	23.5	スペイン	鉱山生産量
タンタル	Ta	5	3.9	コンゴ民主共和国	鉱山生産量
テルル	Te	1	53.1	中国	精製生産量
タリウム	Tl	上位	上位	不明	

14)　ベースメタルとは，「鉄や銅，亜鉛，鉛，アルミニウムなどのように社会の中で大
　　量に使用され，生産量が多く，様々な材料に使用されてきた金属」のことである（国
　　立研究開発法人物質・材料研究機構「レアメタルの基礎知識」，https://www.nims.
　　go.jp/research/elements/rare-metal/study/index.html）。

チタン	Ti	1	39.3	中国	イルメナイト鉱山生産量
タングステン	W	1	84.5	中国	鉱山生産量
バナジウム	V	1	70.0	中国	鉱山生産量
ジルコニウム	Zr	3	10.0	豪州	鉱山生産量
レアアース		1	70.0	中国	鉱山生産量

（出所）U. S. Department of the Interior, U. S. Geological Survey, *Mineral Commodity Summaries 2023*, Jan. 31, 2023（https://pubs.usgs.gov/periodicals/mcs2023/mcs2023.pdf）より作成。

表 2-4　2022 年のベースメタル等生産量における中国の順位とシェア

品目（元素記号）	中国の 世界順位	中国の シェア	第 1 位の 国名	備　考
アルミニウム（Al）	1	58.0	中国	製錬生産量
カドミウム（Cd）	1	41.7	中国	精製生産量
セメント	1	51.2	中国	生産量
銅（Cu）	1	42.3	中国	精製生産量
工業用ダイヤモンド	−	−	ロシア	鉱山生産量
金（Au）	1	10.6	中国	鉱山生産量
天然グラファイト	1	65.4	中国	鉱山生産量
銑鉄	1	63.8	中国	銑鉄生産量
鋼鉄	1	52.1	中国	鋼鉄生産量
鉄鉱石	3	15.0	豪州	鉱山生産量（鉄含量）
鉛（Pb）	1	44.4	中国	鉱山生産量
マグネシウム金属（Mg）	1	90.0	中国	製錬生産量
水銀（Hg）	1	90.9	中国	鉱山生産量
ケイ素（Si）	1	68.2	中国	生産量
銀（Ag）	2	13.8	メキシコ	鉱山生産量
硫黄（S）	1	22.0	中国	生産量（全形態）
スズ（Sn）	1	30.6	中国	鉱山生産量
亜鉛（Zn）	1	32.3	中国	鉱山生産量

（出所）U. S. Department of the Interior, U. S. Geological Survey, *Mineral Commodity Summaries 2023*, Jan. 31, 2023（https://pubs.usgs.gov/periodicals/mcs2023/mcs2023.pdf）より作成。

　ただし，中国がレアメタルやベースメタルを大量に生産していても，それは必ずしも巨額の貿易黒字につながらない。2022 年の場合，貴金属やレアメタルを含む HS コード第 28 類は 135 億ドルの黒字，ベースメタルの第 15 部は 1,417 億ドルの黒字である。品目別では，鉄鋼・鉄鋼製品やアルミニウムがそれぞれ 300 億ドル以上の黒字であるが，銅・ニッケルが赤字で，亜鉛・スズも若干の赤字である。

5-2　エネルギー

中国では，レアメタルやベースメタルが大量に生産され，銅・ニッケル等の一部品目を除けば貿易黒字となっている。しかし，石油・石炭・天然ガスのエネルギー面では，外国に依存する状況となっている。

図 2-6 は，HS コード第 27 類の輸入額と輸入総額に占めるシェアを示す。2021 年以降のエネルギー価格高騰により，輸入額が増加し，輸入構成比も上昇しているものの，2019 年までは 3,000 億ドル前後，15％前後を維持した。2020 年における中国の石油・石炭・天然ガス輸入量はいずれも世界第 1 位であり，エネルギーの巨大消費国かつ最大の輸入国である。この意味で，エネルギーに関しては，中国が外国に大きく依存しており，この状況は今後も続くと予想される。特に，石油ではロシア・サウジアラビア・イラクに，石炭ではインドネシア・ロシアに，天然ガス（LNG）ではオーストラリア・米国・カタール・マレーシアにそれぞれ大きく依存している[15]。

図 2-6　中国の HS コード第 27 類の輸入額と輸入総額に占めるシェア：2005～2022 年

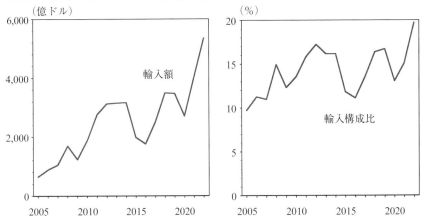

（出所）中国国家統計局「統計数据」および中国海関総署「統計月報」より作成。

---

15)　ここでの説明は 2021 年を念頭に置いたもので，BP p.l.c., *Statistical Review of World Energy 2022*, July 2022（https://www.bp.com/en/global/corporate/energy-economics/statistical-review-of-world-energy.html）のデータに基づく。

表 2-5　中国のエネルギー輸入状況：2014〜2022 年

項　目	品　目	2014	2015	2016	2017	2018	2019	2020	2021	2022
輸入金額 （億ドル）	石炭・褐炭	222	121	142	226	246	234	202	359	426
	原油	2,283	1,345	1,165	1,623	2,403	2,413	1,763	2,573	3,655
	製品油	234	143	111	145	202	171	118	167	196
	天然ガス			165	233	385	417	335	558	700
	うち LNG	122	88	89	148	268	287	234	442	522
輸入数量 （億トン）	石炭・褐炭	2.91	2.04	2.56	2.71	2.81	3.00	3.04	3.23	2.93
	原油	3.08	3.36	3.81	4.20	4.62	5.06	5.42	5.13	5.08
	製品油	0.30	0.30	0.28	0.30	0.33	0.31	0.28	0.27	0.26
	天然ガス			0.54	0.69	0.90	0.97	1.02	1.21	1.09
	うち LNG	0.20	0.20	0.26	0.38	0.54	0.60	0.67	0.79	0.63

（出所）中国海関総署「統計月報」より作成。

　表 2-5 は，中国のエネルギー品目別輸入状況を示す。輸入額は，エネルギー価格の変動により激しく増減しているものの，輸入数量は安定的に推移している。具体的には，石炭・褐炭では年 3 億トン前後，原油では年 5 億トン前後，天然ガスでは年 1 億トン前後をそれぞれ輸入している。中国が世界最大のエネルギー輸入国であることを前提とすれば，エネルギー面での中国の外国依存はかなり強いものと考えられる。2022 年 2 月のウクライナ戦争以降，中国はロシアからの石油輸入を急増させており，その背景にはロシア産石油が相対的に安いことと価格上昇率が相対的に低いことがあったとみられる[16]。

6. 中国依存の両面性

　本節では，国家間または 2 国間の経済的依存関係は一見したほど単純ではないということを改めて考えてみる。

6-1　依存関係の多様性

　第 5 節での議論は，レアメタルやベースメタルにおいて諸外国が中国に強く依存する一方，エネルギーにおいて中国が外国に強く依存していることを示唆する。前者の面が強ければ中国の当該国に対する貿易収支は黒字となり，後者

16）　こうした可能性は，インドの統計データを分析することによって確認できる。これについては，谷口（2023d）を参照。

の面が強ければ赤字となる可能性がある。しかし，現状はそれほど単純ではない。

2022年の場合，中国の国・地域別貿易収支をみると，黒字国・地域は，香港2,897億ドルを筆頭に，オランダ1,052億ドル，インド1,010億ドル，メキシコ601億ドル，英国597億ドル，ベトナム590億ドルと続く。一方，赤字国・地域は，台湾1,565億ドルを筆頭に，オーストラリア633億ドル，ブラジル476億ドル，スイス421億ドル，サウジアラビア401億ドルと続く。

黒字国・地域へはHSコード第84・85類のICT関連輸出が相対的に多い傾向がある一方で，赤字国・地域からは第84・85類（台湾），第71類の真珠・貴石・貴金属等（スイス），第26・27類の鉱石・鉱物性燃料等（オーストラリア，ブラジル）の輸入が相対的に多いなど，外国への依存内容には大きな違いがみられる。また，ベトナムとの貿易では，中国からの輸出額がインド・オランダ・ドイツを超え，日本や韓国の数値と大差ない。これは，中国からベトナムを経由して米国へ輸出されるといった迂回輸出の可能性を示唆するものである（谷口・高，2021）[17]。

また，一般に相手国・地域との貿易額が多ければ多いほど，2国間の関係は密であると思われがちであるが，これは必ずしもそうではない。一般に，2国間の経済関係には非対称性があり，経済規模の小さい国ほど，相手国から受ける影響が大きく，その意味で依存度が大きくなるのである（谷口・高，2020）。

例えば，2022年における中国の輸出・輸入比率（＝輸出額÷輸入額）をみると，経済大国の米国との間では3.3倍，日本との間では1.1倍，ドイツとの間では1.0倍であるが，1万倍を超える国・地域が7，1,000倍以上1万倍未満の国・地域が16，100倍以上1,000倍未満の国・地域が21もある。いずれも経済規模が小さな国・地域である。このように，依存関係の強さを考える場合には，相手国・地域の特徴，貿易内容だけでなく，経済規模の違いにも目を向ける必要がある。

17）　米中間におけるベトナムの動向については，三浦（2023）も参照（同書25-27頁）。

6-2　グローバルな相互依存関係

　レアメタルやエネルギーの面からは，一方の国・地域から他方の国・地域への強い依存関係が示唆されるものの，付加価値貿易，グローバル・サプライチェーン，グローバル・バリューチェーン（GVC）の面からは，各国・地域が表裏一体化したグローバルな経済関係が示唆される。いわゆるグローバル化の浸透である。本章の文脈でいえば，諸外国は中国に依存し，中国は諸外国に依存している。ただし，不可欠な相互依存関係の存在は，2 つの点で大きな課題を残す。

　第 1 は，グローバル・サプライチェーンにおける供給途絶の可能性である。これは Covid-19，大規模自然災害，関係国での政変だけでなく，参加国間の関係悪化といった政治的理由でも発生する。したがって，グローバル・サプライチェーンの強靱化は重要な課題である。

　第 2 は，グローバル・サプライチェーンの中で特定の国・地域や企業が市場支配力を持つ可能性である。一般に，海外依存は，「特に密接な代替品が乏しい財を中心にサプライチェーンを脆弱化」させる（CEA, 2022）。その典型がレアメタル・レアアースやエネルギーである。特定の企業や企業集団が市場支配力を持つ場合には反トラスト法や独占禁止法で対応可能であるが，特定の国・地域が間接的に市場支配力を持つ場合には対応・対処が難しい。最悪の事態を防ぐには，代替財や代替国・地域の拡大に務める一方，市場支配力の存在に目を向け，たとえ市場支配力が行使されてもその影響が軽微にとどまるように，前もって経済安全保障戦略を策定し，それに従って対応・対処する必要がある。

6-3　中国国内における外国の活動

　米国の対中貿易収支では，巨額の赤字が続いている。財・サービスの対中貿易赤字は 2018 年に 3,777 億ドルのピークを記録（財だけの貿易収支赤字も同年にピークの 4,173 億ドルを記録）し，2022 年段階でも 3,661 億ドルの赤字（財は 3,818 億ドルの赤字）となっている。対世界の財・サービス貿易収支では，2022 年に 9,453 億ドルの赤字を記録（財の赤字も同年に 1 兆 1,910 億ドルの赤字を記録）しており，

同年の財・サービス対中赤字は対世界赤字の 38.7%（財だけでは 35%）の規模
となっている[18]。ここから米中貿易の異常な不均衡が叫ばれることとなる。し
かし，これは事の一面でしかない。

　第 1 に，4-1 で論じたように，今でも中国の対世界輸出総額の 3 分の 1 は，
外資企業が担っている。外資企業が中国から世界に向けて輸出する金額は，
1 兆ドルを超える。

　第 2 に，米国多国籍企業の中国国内での売上規模は，図 2-7 が示すように，
米国の対中財・サービス輸出の 2 倍に達する[19]。しかも，米国企業と中国企業
の相手国内での売上の差額（米国多国籍企業の中国国内売上マイナス中国系企業の
米国国内売上）は，米国の対中財・サービス貿易赤字の規模に匹敵する。つまり，
米国の対中貿易赤字の分を米国多国籍企業が中国国内で穴埋めしているという
ことである[20]。

図 2-7　米国多国籍企業の中国国内売上

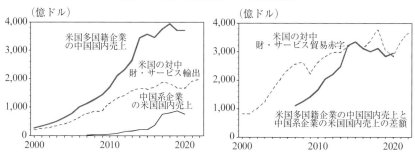

（注）米国多国籍企業と中国系企業の売上は，過半数所有企業を通しての売上。
（出所）U. S. Department of Commerce, Bureau of Economic Analysis, "international Trade & Investment"（https://www.bea.gov/data/intl-trade-investment）より作成。

---

18)　数値は，U. S. Department of Commerce, Bureau of Economic Analysis, "international Trade in Goods and Services"（https://www.bea.gov/data/intl-trade-investment/international-trade-goods-and-services）に基づく。
19)　以下で，米国企業と中国企業の海外での売上として言及しているのは，過半数所有企業を通しての売上である。
20)　ただし，中国系企業が香港の名目で米国国内で経済活動を行って売上をあげている分があるので，ある程度割り引いて考える必要がある。ただし，それでも全体の趨勢に大きな変化はない。

　第3に，米国多国籍企業の中国国内での雇用状況をみると，2020年における機械，コンピュータ・電子製品，電気設備・部品，輸送設備分野での雇用が全体の35％を占める。この割合は，対世界全体の19％，対日本の12％を大きく上回る。とりわけ，コンピュータ・電子部品分野の中国国内での雇用が15％と非常に高い。

　4-1では，先端技術製品の米中貿易における米国の巨額赤字と中国の巨額黒字を取り上げたが，米国多国籍企業が情報・通信系の中国国内での大規模雇用を通じて対米輸出に大きく貢献している可能性もありうる。したがって，貿易不均衡を示す数値は，基礎にある両国間の経済関係を適切に表していない可能性がある。

6-4　依存関係と経済的利益

　特定の国が特定の資源を大量に保有し，それを使って大量生産を行ったとしても，それが巨額な利益を生み，巨額な貿易黒字をもたらすとは限らない。当然ながら，過剰生産状況にあれば価格が暴落して採算が悪化し，最悪の場合には事業撤退となる。また，強力な代替財が出現すれば，価格競争が起き，販売量も落ち込む可能性がある。したがって，大規模な生産活動が自動的に巨額利益を発生させるということにはならない。

　日本のように，ベースメタルやレアメタルをほとんど輸入している国にとっては，資源を保有する国との共同開発やそれへの参画を通じて保有に至るか，外国との貿易を通してその資源を確保するか，保有した資源を何度も再利用できる方策を生み出すか，あるいは当該資源に頼らない生産活動に従事するかといった選択が迫られる。これは，過去から現在に至るまで日本に課せられてきた課題である。

　ここでも，現実の二面性に触れておきたい。ある資源が特定の国に偏在していたとしても，それが活用されなければ何の利益も発生しない。その資源を活用する国は資源消費国であり，資源生産国だけでは経済活動は成り立たないのである。資源生産国にとっては，石油のように，原形（原油）の形で販売するか，

製品化（石油製品）して販売するかといった選択肢はあるとしても，原油や石油製品を需要し購入する国がなければ宝の持ち腐れである。

　ある資源を保有・生産する国が1国で，それを需要・消費する国が多数であった場合，資源保有・生産国が交渉を有利に進めて独占利益を確保しようとする。しかし，この場合にも，消費国が結束して対抗すれば，供給独占状態が崩壊し，双方独占状態に移行することになる。供給独占者にとって有利な状態が安定的に長期にわたって持続するという保証は非常に低いのである。

　したがって，一方的な依存関係にみえるものは，実質的には相互依存関係になっていると考えるべきである。ここでの含意は，レアメタルやレアアースをめぐって，中国と日本の関係は，日本の中国への一方的な依存関係よりも，相互依存関係にあるということである[21]。

6-5　内需主導経済への転換の限界

　人件費の高騰や政治的・経済的関係の悪化などから，中国からの撤退や一部移転（周辺国または国内）がときどき叫ばれる。中国国内でも米中関係の悪化や国際関係・国際情勢の不安定などから国内回帰として内需主導が叫ばれる。経済活動が内需と外需に依存して行われる限り，外需が減少する分を内需が補うべきというのは当然の考えである。しかし，中国の現状を目の当たりにすると，中国国内への完全な内需転換や中国からの完全撤退は非現実的である。ここでは，中国国内の製造拠点をベトナムや日本に完全移転することを考えてみよう。

　表2-6は，主要工業製品の中国国内生産量と輸出量，日本の生産量を示す。中国国内生産量と日本の生産量の間には数倍から数十倍の開きがあるだけでなく，中国の製品輸出量には日本の生産量を凌ぐものが多い。そもそも，2億台のカラーテレビ・エアコン生産，3億台のパソコン生産，15億台以上の携帯・

---

21)　もちろん，だからといって，資源を持たない国にとって何の問題もないということではなく，過去から現在に至るまでの課題に直面することには変わりない。ここでの要点は，資源を保有・生産する国にとって良好な取引相手がなければ保有・生産の意味がないということである。

スマホ生産を実現できる国は中国以外にはない。これらを日本やベトナムで生
産しようとすれば，他の多くの財の生産を犠牲にすることとなり，また，信頼
できるサプライヤー，製造拠点，従業員数，輸出港の確保すら難しいであろう。
つまり，中国における大量生産の肩代わりをできる国・地域は見当たらないと
いうことである。現実的にできることは，せいぜい中国の生産量のごく一部を
肩代わりすることであろう。

　他方，国際関係の悪化から，中国国内の生産量のすべてが国内需要・消費に
回されるとしよう。これも現実的には難しい。例えば，2 億台のカラーテレビ・
エアコン，3 億台のパソコン，15 億台以上の携帯・スマホを毎年国内販売する
ことは不可能であろう。中国の輸出量をみると，10 億台の携帯・スマホや 2
億台のパソコン・カラーテレビすら国内販売することは不可能であり，それを
強行すれば供給過剰で価格が暴落し，採算が悪化して縮小均衡に陥らざるをえ

表 2-6　主要工業製品の中国国内生産量・輸出量と日本の生産量

指　標	単位	最新生産量	年	過去最高	年	中国輸出量	日本生産量
原　炭	億トン	45.6	2022	45.6	2022		
原　油	万トン	20,472	2022	21,456	2015		
天然ガス	億 m3	2,201	2022	2,201	2022		
発電量	兆 kWh	88,487	2022	88,487	2022		
粗　鋼	万トン	101,796	2022	106,477	2020		9,634
鋼　材	万トン	134,034	2022	134,034	2022	6,732	8,442
セメント	億トン	24.9	2022	21.3	2014		
板ガラス	万重量箱	101,727	2021	101,727	2021		2,139
自動車	万台	2,718	2022	2,902	2017	332	784
パソコン	万台	43,418	2022	46,692	2021	30,842	687
ノート PC	万台	29,501	2021	29,501	2021	16,562	574
携帯・スマホ	万台	156,080	2022	188,982	2017	82,224	2,233
集積回路	億枚	3,242	2022	3,594	2021	2,734	274
冷蔵庫	万台	8,664	2022	9,256	2013	5,489	1,262
エアコン	万台	22,247	2022	22,247	2022	4,592	
カラーテレビ	万台	19,578	2022	19,970	2018	9,299	982

　　(注)　中国輸出量は 2022 年。日本生産量は 2021 年，ただしパソコン，ノート PC，携帯・スマホ
　　　　は 2022 年の国内出荷台数，自動車は 2022 年の四輪車生産台数。
　　(出所)　中国国家統計局「統計数据」「中華人民共和国 2022 年国民経済和社会発展統計公報」，中
　　　　国海関総署「統計月報」，総務省統計局編『日本統計年鑑』，電子情報技術産業協会「携帯
　　　　電話国内出荷統計」「パーソナルコンピュータ国内出荷実績」，日本自動車工業会「統計・
　　　　資料」，より作成。

ない。現実的にできることは，生産規模を相当縮小した上での国内販売であろう。

　要するに，中国の巨大な国内生産量は，巨大な中国市場だけでなく，巨大な海外市場をも想定したものだということである。したがって，内需主導経済への転換はある程度可能であるとしても，全面的な内需主導経済への転換は難しい。もちろん，長期的にはペティ＝クラークの法則が働いて，中国国内での大規模工業生産が縮小し，その一部が途上国に移転される可能性はある。しかし，中国の広大な面積，大規模な人口，巨大な工業生産量，巨大な経済規模に匹敵する状況を実現できる国は見当たらない。

　要するに，巨大な工業生産量に象徴される中国経済の現実は，世界経済との強い相互依存関係の上で成り立っているのであって，諸外国の一方的な中国依存の上で成り立っているわけではない。この事実を否定することは，中国経済のみならず世界経済の縮小と停滞を招くこととなるであろう。

7．お わ り に

　本章では，世界経済における中国経済の存在感の高まりとともに顕在化してきた諸外国の中国依存をどのように理解すべきかについて検討を重ねてきた。一見単純そうにみえる中国依存の現状は，いろいろと掘り下げていけばそこには極めて複雑な相互依存関係が垣間見える。最初に，単純そうにみえる事柄を列挙してみよう。

- ・諸外国の対中貿易が拡大し，諸外国の中国依存が強まっている。
- ・中米や中印の間では貿易不均衡が発生し，中国が巨額の貿易黒字を得ている。
- ・グローバル・サプライチェーンにおける中国の市場支配力が強まっている。
- ・先端技術製品の米中間貿易では情報・通信を中心に大きな不均衡が生じている。
- ・中国は多数のレアメタルやレアアースにおいて圧倒的なシェアを握っている。

・レアメタルやレアアースは，先端技術製品や電気自動車の生産には不可欠
　である。
・主要工業製品の中国の生産量は巨大で，貿易を通じて諸外国を圧倒してい
　る。

　これらを並べてみると，世界経済の中国依存の強まりから，諸外国が中国に
一方的に振り回されるとか，巨大な中国リスクにさらされるといった危惧の声
が生じることとなる。

　ところが，こうした単純な事実の背後にある複雑な相互依存関係を考慮する
と，また違ったイメージが浮かび上がることとなる。そこで，複雑な相互依存
関係を示すと考えられる事柄を以下に列挙してみよう。

・付加価値貿易では，中国の粗輸出の約2割が外国による貢献（付加価値）
　であるという意味で相互依存関係がベースに存在する。
・グローバル・バリューチェーンへの中国の参加度が強まっていることは，
　グローバル社会に中国が組み込まれ，ますます相互依存関係が強まってい
　ることを示す。
・米国では中国企業の排除が進む一方で，情報・通信を中心に先端技術製品
　における米国の中国依存が弱まっていないのは，何らかの相互依存関係を
　示唆する。
・米中間の相互依存関係を示すものとして，中国では外資企業が中国の輸出
　入に深く関わっているという事実がある。
・中国の情報・通信の製品・サービス輸出が多いと同時に輸入も多いという
　事実は，情報・通信分野でも中国と外国の相互依存関係を示唆する。
・レアメタルやレアアースの生産における中国のシェアが大きいことは，中
　国が一方的に利益を得ていることを必ずしも意味しない。
・レアメタルやレアアースでは中国が比較優位を持つとしても，エネルギー
　面では中国の外国依存が強く残っている。
・ベトナムの経済規模に比べて中国・ベトナム間の貿易額が相対的に大きい
　ことは，ベトナムを経由しての中国から米国への迂回輸出を示唆する。

・米国の対中輸出額よりも米国企業の中国国内での販売額のほうが大きい。米国多国籍企業の中国国内販売額は，米国の対中貿易赤字に匹敵する。

・全体としての米国多国籍企業は，中国から世界に向けての輸出と同時に，中国国内での販売からも利益を得ている（国内販売と輸出が別々の企業によって行われるとしても）。

・主要工業製品における大量の中国国内生産を肩代わりできる国・地域は存在せず，かつ，国内生産分をすべて中国の国内需要・消費に回すことが不可能である。

　以上の列挙内容から含意されることは，外国企業の中国からの完全撤退や中国経済の全面的な内需主導経済への移行は非現実的であり，中国国内での大量の工業生産は，中国経済と世界経済の相互依存関係のもとでのみ意味を持つということである。こうした相互依存関係を否定することは，中国経済と世界経済の縮小と停滞を招かざるをえない。これが本章の結論である。

参 考 文 献

谷口洋志（2014）「諸外国の中国依存」中央大学商学研究会『商学論纂』第 55 巻第 3 号，3 月，269-316 頁。

谷口洋志（2022a）「インドはなぜ棄権したか：国連総会のロシア非難決議案とインドの対応」政策研究フォーラム『改革者』第 741 号，4 月号，32-35 頁。

谷口洋志（2022b）「ウクライナ問題の背後にある国際政治経済関係：公共選択の視点」中央大学経済研究所 Discussion Paper, No. 367，4 月，1-44 頁。

谷口洋志（2023a）「中国依存をどのように理解するか：対中依存の両面性」政策研究フォーラム『改革者』第 751 号，2 月号，28-31 頁。

谷口洋志（2023b）「ウクライナ戦争に対する国際社会の対応：公共選択の視点」『公共選択』第 79 号，45-61 頁。

谷口洋志（2023c）「ポストコロナ社会の経済政策：制約条件と政策目的を中心に」『経済政策ジャーナル』第 19 巻第 2 号，3 月，21-36 頁。

谷口洋志（2023d）「コロナ禍およびウクライナ戦争時におけるインドの対外・対露貿易」『コロナ禍・ウクライナ紛争と世界経済の変容』中央大学経済研究所研究叢書，近刊。

谷口洋志・高　鶴（2020）「中国の対外経済関係に関する考察」中央大学経済学会『経済学論纂』第 60 巻第 3・4 合併号，1 月，85-99 頁。

谷口洋志・高　鶴（2021）「トランプ政権下で米国の貿易構造はどのように変わったか」中央大学経済学会『経済学論纂』第 62 巻 第 1・2・3 合併号，9 月，83-

113 頁。

谷口洋志・高　鶴（2022）「地域経済統合と域内依存度」中央大学経済学会『経済学論纂』第 62 巻 第 4・5・6 合併号，2 月，83-99 頁。

三浦有史（2023）『脱「中国依存」は可能か：中国経済の虚実』中央公論新社。

CEA（Council of Economic Advisers）（2022）, "The Annual Report of the Council of Economic Advisers," in Economic Report of the President, April.

FCC（Federal Communications Commission）（2022）, "FCC Bans Equipment Authorizations for Chinese Telecommunications and Video Surveillance Equipment Deemed to Pose A Threat to National Security"（https://docs.fcc.gov/public/attachments/DOC-389524A1.pdf）.

OECD（Organisation for Economic Co-operation and Development）（2022）, *Trade in Value Added: China*, Feb.（https://www.oecd.org/sti/ind/CN2021_CHN.pdf）.

第 3 章

アジアのサプライチェーン再編の動向
──中国から ASEAN への生産シフトを中心に──

王　　　娜

1. は じ め に

　2008 年の世界金融危機後，グローバル化が進展する中で，中国はグローバル・サプライチェーン（供給網）の重要な結節点において依然として優位に立っているが，しかし，近年，中国産業は過剰生産能力，無計画な大規模開発，労働力コストの上昇などの一連の問題に直面し，中国の製造業，特にローエンド製造業が伝統的な比較優位を失いつつある。中国産業は自身発展のボトルネックの突破と産業グレードアップの推進のために，国内市場の競争で優位性を失った一部の産業を海外へ生産シフト（移転）し，自国の産業チェーンを分散させようとしている。一方，ASEAN（東南アジア諸国連合）諸国では，相対的に低い要素コスト，優れた地理的位置や開放的な対外経済体制などといった，適した条件を備えており，比較優位を持っているため，積極的に中国からの生産移転を引き受けようとしている。このように，中国主導となるアジア域内のサプライチェーンを ASEAN に展開し始めて，サプライチェーンの再編が求められるようになった。

　2010 年 1 月には，中国─ ASEAN 自由貿易地域（ASEAN-China Free Trade Area: ACFTA）が正式に発効した。これは当時，世界で最も人口の多い自由貿易地域

であり，発展途上国の中で最大の自由貿易地域でもあった。これはまた，東ア
ジア地域協力の軸となりうる重要な地域協力が形成されたことを意味し，中国・
ASEAN 間の経済的な関係が新たな発展段階に入ったことを示している（久我，
2009）。中国の「一帯一路」構想の実施に伴い，中国企業のASEANへの投資ペー
スが急増し，中国産業の ASEAN への生産シフトがさらに進み，生産拠点の移
転はバリューチェーン移転へと変貌を遂げつつある（王・呉・陳，2021）。生産
シフトを行う主体には，中国に長年深く関わってきた大型多国籍企業だけでな
く，中国の地場企業もある。伝統的な製造業の分野のみならず，インターネッ
トやフィンテック（FinTech）などの新興産業の分野もしばしばみられる。

　2018 年 6 月以来，米国が中国の輸出商品に追加関税を課し始め，中国製品
の輸出はより高い関税障壁に直面し，低付加価値製品の利益率が圧迫され，外
国企業を含む関連産業も ASEAN 諸国への生産シフトを加速せざるをえなくなっ
た。米中貿易摩擦の長期化に加えて，2020 年以降，中国のゼロコロナ政策，
ウクライナ情勢によりサプライチェーンが分断され，一時グローバルサプライ
チェーンの混乱をもたらしてしまった。これを背景に，米国は日欧と組んで中
国をサプライチェーンから外す動きを強めている。バイデン米政権が 2022 年
5 月に日米，ASEAN 一部の国やインドなど 14 カ国で新経済圏構想「インド太
平洋経済枠組み（IPEF）」を創設し，参加国間でのサプライチェーン強靱化に
向けて連携強化など，「脱中国」の流れが加速しているようである。各国企業は，
サプライチェーンの再編に向けて，新たな生産拠点の移転先として，特に
ASEAN 諸国とインドを選ぶ動きがみられる[1]。

　本章の目的は，中国から ASEAN への生産シフトによるアジアのサプライ
チェーン再編への影響を明らかにすることである。本章の構成は以下の通りで
ある。第 2 節では，アジアにおける直接投資の動向を考察する。第 3 節では，
中国の対 ASEAN 直接投資の動向を考察する。第 4 節では，中国から ASEAN
への生産シフトの背景と特徴，またそれによるアジアのサプライチェーン再編

1）「サプライチェーンの脱中国化でインドへの直接投資が増加」『DIME』2022 年 12
　　月 22 日（https://dime.jp/genre/1519583/）を参照。

への影響を解明する。第 5 節はまとめと今後の課題である。

2.　アジアにおける直接投資の動向

　図 3-1 と表 3-1 に示したように，アジア主要国の対外直接投資をみると，1990 年からの長い間にわたって，日本の対外直接投資はアジア主要国をリードしている地位にある。2005 年以降，各国の対外直接投資が頻繁に行われるようになり，特に中国の対外直接投資は破竹の勢いで上昇し，2010～2016 年においては日本を追い抜いたこともあった。2021 年には ASEAN の対外直接投資のシェアは 12.60％（対外直接投資額：75,838 万ドル）となり，日本（24.39％），中国（24.13％），中国香港（14.53％）に次いで，第 4 位までに達している。

図 3-1　アジア主要国の対外直接投資額（フロー）

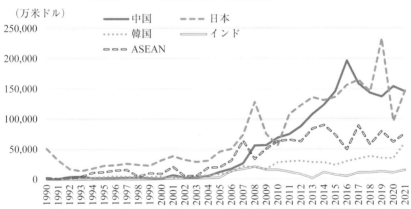

（出所）UNCTAD 統計より作成した。

表 3-1　アジア主要国・地域の対外直接投資額のシェア（フロー）　　　（％）

年	中　国	日　本	韓　国	中国香港	中国台湾	インド	ASEAN
1990	1.34	82.09	1.83	3.96	8.48	0.01	3.76
1995	2.94	33.25	5.68	36.73	4.38	0.17	17.75
2000	0.83	28.54	4.38	48.91	6.06	0.47	8.14
2005	9.00	33.60	6.11	19.82	4.42	2.19	14.72
2010	19.32	15.80	7.92	24.22	3.25	4.48	17.74
2015	28.15	26.33	4.58	13.88	2.84	1.46	14.20
2016	35.51	28.23	5.41	10.81	3.25	0.92	8.97

2017	26.43	27.49	5.69	14.48	1.93	1.86	14.79
2018	26.30	26.66	7.03	15.11	3.32	2.10	10.58
2019	22.66	38.51	5.83	8.81	1.95	2.18	13.16
2020	30.21	18.80	6.84	19.79	2.26	2.18	12.12
2021	24.13	24.39	10.11	14.53	1.68	2.58	12.60

（出所）図 3-1 と同じ。

図 3-2　アジア主要国の対内直接投資額（フロー）

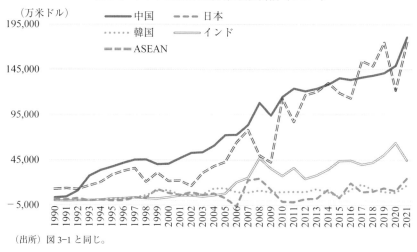

（出所）図 3-1 と同じ。

表 3-2　アジア主要国・地域の対内直接投資額のシェア（フロー）　　　　（%）

年	中　国	日　本	韓　国	中国香港	中国台湾	インド	ASEAN
1990	14.07	7.29	4.22	13.21	5.37	0.95	51.73
1995	45.09	0.05	2.99	7.47	1.87	2.59	34.41
2000	26.75	5.47	7.56	35.86	3.24	2.36	14.29
2005	31.15	1.19	5.87	14.65	0.70	3.28	18.39
2010	26.63	− 0.29	2.20	16.37	0.58	6.36	26.19
2015	25.21	0.55	0.76	32.41	0.44	8.19	22.12
2016	26.24	3.80	2.38	23.03	1.90	8.73	22.24
2017	25.79	1.77	3.39	20.94	0.64	7.55	29.21
2018	26.65	1.92	2.35	20.08	1.37	8.12	28.65
2019	26.40	2.57	1.80	13.78	1.54	9.45	32.69
2020	27.74	1.99	1.63	25.02	1.12	11.90	22.67
2021	27.40	3.73	2.55	21.30	0.82	6.77	26.53

（出所）図 3-1 と同じ。

　図 3-2 と表 3-2 に示したように，アジア主要国の対内直接投資をみると，1990 年から 2021 年にかけて，発展途上国である中国と ASEAN 諸国の対内直接投資は大きく上昇した。中国の対内直接投資は 1990 年の 3,487 万ドルから 2021 年に 180,957 万ドルへと，ASEAN のそれは 1990 年の 12,821 万ドルから 2021 年に 175,229 万ドルへと上昇した。2017 年以降，中国と ASEAN の対内直接投資がアジア域内でともに高い位置までに上昇しており，特に 2017〜2019 年における ASEAN の対内直接投資は中国を上回り，3 年連続で第 1 位を記録した。2020 年には中国と中国香港に越されたものの，2021 年には中国香港を追い抜き，再び中国に接近してきた。この勢いで続くと，アジアにおいて，中国に代わり ASEAN が最大の対内直接投資センターになるのか。今後のサプライチェーン再編に注目を集めるだろう。

3. 中国の対 ASEAN 直接投資の動向

　1990 年代に入ってから，ASEAN の対中投資が先行し，中国の対 ASEAN 投資を上回っていたが，2015 年に逆転し，その後は両者の差が拡大する傾向にある[2]。その背景には，中国企業の「走出去」（海外進出）戦略のペースが加速するにつれて，中国の対外直接投資（Outward foreign direct investment, OFDI）の規模も急速な拡大を示している。2021 年末までに，中国の OFDI 保有量（ストック）は 2 兆 7,900 億ドルに達し，世界第 3 位になり，世界 190 カ国・地域に 46,000 の対外直接投資企業（海外企業）を設立することによって，中国企業の構造調整と資源配分にとって，重要な役割を果たしている。現在，ASEAN は中国にとって最大の貿易パートナーと対外直接投資の第 2 の経済共同体となっている。2020 年，中国の対 ASEAN 諸国・外国企業投資額のランキングをみると，それぞれ対マレーシア投資 1 位，対インドネシア，タイ，フィリピン投資 2 位，対ベトナム投資 4 位となっている[3]。中国から ASEAN への投資は，ASEAN の経済発展に積極的に推進しているだけでなく，中国国内の産業構造の高度化も

2)　中国商務部『2021 年度中国対外直接投資統計公報』による。
3)　CEIC データベースによる。

図 3-3　中国の対 ASEAN 直接投資額（フロー）の推移

（出所）中国商務部『2008〜2021 年度中国対外直接投資統計公報』より作成した。

促進している。

　2003 年，中国から ASEAN への非金融系直接投資は 1.19 億ドルに過ぎなかった。2009 年 8 月には，中国─ ASEAN 自由貿易地域（ACFTA）の「投資協定」が調印されることによって，目覚ましい成果が上げられた。図 3-3 に示したように，2010 年には，中国から ASEAN への直接投資フローは 44.05 億ドルへと上昇した。自由貿易協定の実施により，中国から ASEAN への直接投資をさらに加速させ，2015 年には，中国から ASEAN への直接投資フローは 146.04 億ドルに達し，初めて 100 億ドルの大台を超え，直接投資フロー総額の 10.0％を占めている。2017 年には，中国の対外直接投資の全体規模が減少したにもかかわらず，中国から ASEAN への直接投資が依然として際立っており，直接投資フローは 141.19 億ドルで，前年比 37.4％増で，直接投資フロー総額の 8.9％を占め，アジアへの直接投資フロー総額の 12.8％を占めている。2018 年には，中国から ASEAN への直接投資フローは 136.94 億ドルで，ASEAN が初めて英領バージン諸島を上回り，香港に次ぐ中国第 2 位の対外投資先となり，同時に ASEAN も香港と EU に次ぐ中国で第 3 位の投資元国となった[4]。2021 年には，

4）　中華人民共和国 ASEAN 代表部経済商務処『2010 年中国─ ASEAN 合作再創佳績』2019 年 3 月 15 日（http://asean.mofcom.gov.cn/article/zthdt/dmjmtj/201905/20190502867536.

中国から ASEAN への直接投資フローが新型コロナウイルスの影響を受けず，前年比 22.8％増で，直接投資フロー総額の 11.0％，アジアへの直接投資フロー総額の 15.4％を占めている。

3-1　中国の対 ASEAN 国別直接投資の推移

　直接投資額のフローベースでは，2021 年の中国から ASEAN への直接投資フローは 197.3 億ドルとなり，中国の対外直接投資フロー総額（1,362 億 8,000万ドル）の 11.0％を占め，前年比 22.8％の増加となる。表 3-3 に示したように，2021 年には，中国から ASEAN への直接投資先は，主にシンガポール（84.1 億ドル），インドネシア（43.7 億ドル），ベトナム（22.1 億ドル），タイ（14.9 億ドル）となっている。投資増加率（フロー）からみると，2008 年から 2021 年にかけて，中国から ASEAN への投資の年平均増加率の上位 3 カ国は，マレーシア（32.5％），タイ（30.8％），インドネシア（28.1％）であった。同様に，2018 年から 2021 年にかけて，中国から ASEAN への投資の年平均増加率の上位 3 カ国[5]は，インドネシア（32.9％），タイ（26.3％），ベトナム（24.3％）であった。中国からASEAN への直接投資フローの急速な上昇は，中国産業の ASEAN への生産移転の加速を反映している。シンガポール，インドネシア，ベトナムの 3 カ国を例にとると，中国の 3 カ国への直接投資フローは 2008 年の 18.5 億ドルから2021 年の 149.9 億ドルへと 8.1 倍も増加した。

　また，直接投資額のストックベースでは，2021 年末までに，中国からASEAN への直接投資ストックは 1,402 億 8,000 万ドルで，直接投資ストック総額の 5％を占め，アジアへの直接投資ストックの 7.9％を占めている。中国が ASEAN に 6,200 以上の直接投資企業を設立し，58 万人の現地従業員を雇用している[6]。表 3-4 に示したように，2021 年には，中国から ASEAN への直接

---

shtml?ivk_sa=1024320u）を参照。
5)　2018〜2021 年におけるフィリピンへの投資の年平均増加率は 37.5％となっているが，しかし，フィリピンへの直接投資額が比較的少ないので（2021 年には 1.5 億ドル），上位 3 カ国に入れないことにした。
6)　中国商務部『2021 年度中国対外直接投資統計公報』による。

表 3-3　中国の対 ASEAN 国別の直接投資額（フロー）の推移　（単位：億米ドル）

国　名	2008	2010	2012	2014	2016	2018	2019	2020	2021	年平均増加率（%）	
										2008~21	2018~21
シンガポール	15.5	11.2	15.2	28.1	31.7	64.1	48.3	59.2	84.1	13.9	9.4
インドネシア	1.7	2.0	13.6	12.7	14.6	18.6	22.2	22.0	43.7	28.1	32.9
マレーシア	0.3	1.6	2.0	5.2	18.3	16.6	11.1	13.7	13.4	32.5	− 7.0
ラオス	0.9	3.1	8.1	10.3	3.3	12.4	11.5	14.5	12.8	23.0	1.1
タイ	0.5	7.0	4.8	8.4	11.2	7.4	13.7	18.8	14.9	30.8	26.3
ベトナム	1.2	3.1	3.5	3.3	12.8	11.5	16.5	18.8	22.1	25.1	24.3
カンボジア	2.0	4.7	5.6	4.4	6.3	7.8	7.5	9.6	4.7	6.5	− 15.7
ミャンマー	2.3	8.8	7.5	3.4	2.9	− 2.0	− 0.4	2.5	0.2	− 17.7	− 145.4
フィリピン	0.3	2.4	0.7	2.2	0.3	0.6	0.0	1.3	1.5	12.3	37.5
ブルネイ	0.0	0.2	0.0	0.0	1.1	− 0.2	0.0	0.2	0.0	5.7	− 162.9

（出所）図 3-3 と同じ。

表 3-4　中国の対 ASEAN 国別の直接投資額（ストック）の推移　（単位：億米ドル）

国　名	2008	2010	2012	2014	2016	2018	2019	2020	2021	年平均増加率（%）	
										2008~21	2018~21
シンガポール	33.4	60.7	123.8	206.4	334.5	500.9	526.4	598.6	672.0	26.0	10.3
インドネシア	5.4	11.5	31.0	67.9	95.5	128.1	151.3	179.4	200.8	32.1	16.2
マレーシア	3.6	7.1	10.3	17.9	36.3	83.9	79.2	102.1	103.6	29.5	7.3
ラオス	3.1	8.5	19.3	39.3	55.0	83.1	82.5	102.0	99.4	30.6	6.2
タイ	4.4	10.8	21.3	30.8	45.3	59.5	71.9	88.3	99.2	27.1	18.6
ベトナム	5.2	9.9	16.0	28.7	49.8	56.1	70.7	85.7	108.5	26.3	24.6
カンボジア	3.9	11.3	23.2	32.2	43.7	59.7	64.6	70.4	69.7	24.8	5.3
ミャンマー	5.0	19.5	31.0	39.3	46.2	46.8	41.3	38.1	39.9	17.3	− 5.2
フィリピン	0.9	3.9	5.9	7.6	7.2	8.3	6.6	7.7	8.8	19.2	2.0
ブルネイ	0.1	0.1	0.7	0.7	2.0	2.2	4.3	3.9	1.0	22.7	− 23.1

（出所）図 3-3 と同じ。

投資先は，主にシンガポール，インドネシア，ベトナムとマレーシアとなっている。シンガポールとインドネシアへの直接投資ストックがそれぞれ 672.0 億ドルと 200.8 億ドルで，フィリピンへの直接投資ストック（8.8 億ドル）のそれぞれの 76.4 倍と 22.8 倍である。投資増加率（ストック）からみると，2008 年から 2021 年にかけて，中国から ASEAN への投資の年平均増加率の上位 3 カ国は，インドネシア（32.1%），ラオス（30.6%），マレーシア（29.5%）であった。同様に，2018 年から 2021 年にかけて，中国から ASEAN への投資の年平均増加率の上位 3 カ国は，ベトナム（24.6%），タイ（18.6%），インドネシア（16.2%）

であった。全体的にみると，シンガポールが中国の対 ASEAN 直接投資ストックの最も多い国で，2021 年には，中国の対外直接投資ストックの上位 20 カ国・地域の中で 5 位にランクされ，中国の対外直接投資総額の 2.4％を占めている。同時に，シンガポールは，中国企業による対外直接投資・買収合併（M&A）の10 大目的地の 1 つでもある。

　表 3-3 と表 3-4 を総合的にみてみると，中国の対 ASEAN 直接投資額（フロー・ストックベース）の年平均増加率（2018～2021 年）によれば，ASEAN10 カ国から平均増加率の最も伸びている 3 カ国を抽出すると，それぞれがインドネシア，タイとベトナムとなっている。図 3-4 に示したように，2008～2021 年における中国の対インドネシア・タイ・ベトナム直接投資額（フロー）はともに大きく上昇した。2011 年以降，中国の対インドネシア直接投資額の上昇幅がタイ，ベトナムを上回り，2021 年までにトップの座を維持し続けている。特に 2020～2021 年において，中国の対タイ投資額が下落した一方，対インドネシア投資額が 22.0 億ドルから 43.7 億ドルへと倍増した。中国はインドネシアを「一帯一路」構想の有力投資先とみて，近年投資を急増させている。2015 年にジャカルタ―ハンドン間の高速鉄道プロジェクトは中国が受注することになる（Wicaksono and Priyadi, 2021）。また，中国の対ベトナムの投資額は，2015 年に対タイ投資額を上回り，2017 年に一時大きく下落したものの，2018 年に再び対タイ投資額を追い越した。2021 年には，ベトナムはインドネシアに次ぐ中国の投資相手国となっている。

　図 3-5 に示したように，2009～2021 年における中国の対インドネシア・タイ・ベトナム直接投資額（ストック）の前年比増加率を示している。2009～2017 年において，中国の 3 カ国への投資額の前年比増加率が大きく変動し，それぞれ記録されたのは，2010 年にタイへの投資の前年比増加率が 140％に達し，2012年にインドネシアへの投資の前年比増加率が 83％に達し，2016 年に対ベトナムへの投資の前年比増加率が 48％に達した，ことである。2017 年以降は，中国の 3 カ国への投資額の前年比増加率が 20％前後で続いている。特に，ベトナムへの投資額の前年比増加率が 2017 年から右肩上がりに上昇していること

が目立つようになっている。図3-4の中国からタイへの直接投資フローの上昇傾向も併せて考えると，中国企業は米中貿易摩擦の影響を受けて近隣国であるベトナムへの生産シフトを加速させたことが一因であるだろう。本章の後半では詳しく検討する。

図3-4 中国の対インドネシア・タイ・ベトナム直接投資額（フロー）の推移

（出所）図3-3と同じ。

図3-5 中国の対インドネシア・タイ・ベトナム直接投資額の前年比増加率（ストック）

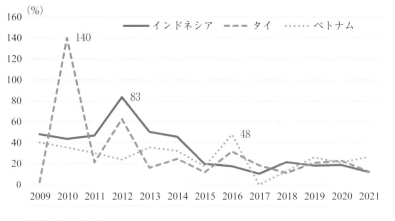

（出所）図3-3と同じ。

3-2　中国の対 ASEAN 産業別直接投資の推移

2010 年に入ってから，中国から ASEAN への直接投資が絶えず拡大し，投資の範囲が日増しに広がっている。中国の対 ASEAN 産業別直接投資の分布からみると，投資分野が徐々に拡大し，関連産業の数量も増加し，第 2 次および第 3 次産業の比重は年々高まっている。2008 年には，中国の対 ASEAN 直接投資フローは，主に電力・ガス・水生産と供給業に集中し，その年の直接投資総額の 47.3％を占め，次に交通運輸・倉庫・郵政業，製造業で，それぞれ同 11.3％と 9.5％を占めた[7]。表 3-5 に示したように，2021 年には，中国の対 ASEAN 直接投資は，国民経済 18 の産業カテゴリをカバーしている。その年の直接投資フローの上位 3 位は，製造業（86.20 億ドル，43.7％），卸売・小売業（31.73 億ドル，16.1％），リース・ビジネスサービス業（21.45 億ドル，10.9％）であった。同年には，直接投資ストックの上位 3 位は，製造業（417.65 億ドル，29.8％），リース・ビジネスサービス業（224.41 億ドル，16.0％），卸売・小売業（205.61 億ドル，14.6％）であった。

相手国からみると，2021 年に 1 位にランクされた対シンガポールの直接投資フローは 84.1 億ドルに達し，前年比 41.9％増で，ASEAN への投資フロー総額の 42.6％を占めている。主に卸売・小売業，リース・ビジネスサービス業，製造業，電気・ガス・水生産と供給業などに投資された。次にインドネシアへの投資フローは 43.7 億ドルで，前年比 98.9％増，投資フロー総額の 22.2％を占め，主に製造業，リース・ビジネスサービス業，電気・ガス・水生産と供給業などに投資された。ベトナムへの投資フローは 22.1 億ドルで 3 位にランクされ，前年比 17.7％増，投資フロー総額の 11.2％を占め，主に製造業，電気・ガス・水生産と供給業などに投資された。

中国から ASEAN への直接投資は製造業を中心にして行われている。2021 年には，製造業への直接投資フローはインドネシア，ベトナム，タイ，シンガポールなどに集中し，同年，製造業への直接投資ストックはインドネシア，ベ

---

7)　中国商務部『2008〜2021 年度中国対外直接投資統計公報』による。

表 3-5　中国の対 ASEAN 産業別直接投資額（フローとストック）（単位：億米ドル）

産業	2010		2019		2021	
	フロー	ストック	フロー	ストック	フロー	ストック
農・林・牧・漁業	1.68	5.28	5.64	53.61	2.99	52.79
採鉱業	8.98	18.43	-0.53	77.04	5.41	40.68
製造業	4.86	19.02	56.71	265.99	86.20	417.65
電気・ガス・水生産と供給業	7.91	27.77	8.98	94.99	14.53	141.78
建築業	3.46	11.60	4.74	79.08	5.85	100.76
リース・ビジネスサービス業	1.56	11.73	11.89	188.52	21.45	224.41
卸売・小売業	1.71	18.75	22.69	178.11	31.73	205.61
交通運輸・倉庫・郵政業	0.82	8.42	4.21	37.89	10.27	64.45
金融業	10.79	17.62	7.96	68.85	6.50	76.30
科学研究・技術サービス・地質探査業	1.67	2.95	2.13	12.22	2.27	13.11
情報伝達・コンピューターサービス・ソフトウェア業	0.01	0.18	1.83	11.89	4.02	24.97
不動産業	0.47	1.20	0.24	16.08	− 1.00	15.78
住民サービス・その他のサービス業	0.01	0.17	1.44	4.90	6.03	13.43
宿泊・飲食業	0.01	0.17	0.47	2.26	0.94	3.77
その他の業種	0.09	0.20	1.78	4.89	− 0.92	3.62

（出所）図 3-3 と同じ。

トナム，タイ，マレーシアとシンガポールなどに集中している[8]。製造業のほか，中国によるインフラの整備への投資もカンボジア，ラオス，ミャンマー，ベトナムなどを中心に行われている。カンボジアがアジアにおける「一帯一路」政策上の戦略的なハブであるため，中国からの大規模インフラ投資を後押している。その結果，2018 年にはカンボジア北東部に同国最大となる水力発電所「セサン下流 2 水力発電所ダム」を竣工し，2019 年にはプノンペン郊外から湾岸都市シアヌークビルを結ぶ高速道路，プノンペン新空港，シェムリアップ新空港の建設に着手し，いずれも 2023 年の開業を目指している[9]。

　ASEAN 諸国の電子商取引の急速な発展に伴い，ASEAN 諸国の消費潜在力が絶えず開拓され，従来の製造業，採掘業，インフラのほか，中国の対 ASEAN 直接投資はサービス業にも流れている。2021 年には，中国の対

---

8)　中国商務部『2021 年度中国対外直接投資統計公報』による。
9)　「中国が ASEAN に与える『モノづくり構造』の変化」『日本物流新聞』（https://www.nb-shinbun.co.jp/pickup/8bd5e57023044fc8112d0f4988bdd29e2361534f/）を参照。

ASEAN 直接投資フローで 2 位の産業は卸売・小売業となっている。第 3 次産業では，中国企業の対 ASEAN 直接投資は卸売・小売業，金融業，IT サービス，電子商取引，通信などの産業に流れている。2011～2021 年において，中国の対 ASEAN 大型投資[10] の中で，国別ランキングの 1 位から 3 位は，インドネシア，CLM（カンボジア・ラオス・ミャンマー），シンガポールの順で，産業別ランキングの 1 位から 3 位は，エネルギー[11]，輸送[12]，不動産の順となっている。中国の対 ASEAN 大型投資案件の動向をみると，2021 年 1～6 月までには，エネルギーが最も多いのはインドネシア，CLM，ベトナムとフィリピンで，不動産が最も多いのはシンガポールとマレーシア，輸送が最も多いのはタイである（牛山，2021）。2010 年以降，中国系の大手食品，建材，家電メーカーなどが続々と大規模な投資を行っている[13]。2021 年には，中国の自動車メーカーが，バッテリー電動車の中国からの輸入販売から，タイ生産計画に切り替える方針を打ち出している。2019 年には，タイから投資促進策「タイランド・プラス」を打ち出したので，2022 年に中国トップ自動車メーカー・上海汽車がタイ最大の財閥グループ CP を設立した合弁会社 SAIC モーター・CP より，2022 年 11 月に MG セールス（タイランド）を発売し，現地生産を実現した。同じ中国の自動車メーカー・長城汽車も 2023 年に現地生産を計画しているという（酒向，2021）。

4.　中国から ASEAN への生産シフト

4-1　中国から ASEAN への生産シフトの背景

中国国内の生産要素コストの上昇と ASEAN 諸国の投資環境の改善に加えて，

---

10)　大型投資案件は投資額 1 億ドル以上を指す。
11)　エネルギーは「石炭」「水力」「代替エネルギー」の順である。
12)　輸送は，「自動車」，「鉄道」，「海運」の順である。「自動車」の中には，道路建設，自動車工場，タイヤ工場，ライドシェアへの出資など，様々な投資案件が含まれている。
13)　「中国が ASEAN に与える『モノづくり構造』の変化」『日本物流新聞』（https://www.nb-shinbun.co.jp/pickup/8bd5e57023044fc8112d0f4988bdd29e2361534f/）を参照。

米中貿易摩擦の激化を背景に，中国から ASEAN へ生産シフトが急速に進んでいる。

4-1-1　中国における生産要素コストの上昇

マレーシア，タイ，ベトナム，フィリピンとインドネシアなどの ASEAN の主要国の生産要素コストが中国より安い。

まず，ASEAN 諸国の労働コストは概して低い。賃金は，生産シフトに影響を与える最も重要な要素である。図 3-6 に示したように，近年，中国の労働コストが大きく上昇しており，製造業の中心地である深圳の製造業での一般工職の月額賃金は，2008 年に 204 ドルで，ほかのアジア諸国とほぼ同じレベルであったが，2021 年には 595 ドルと 2.9 倍も上昇し，ほかのアジア諸国に比べて，一段高い水準となっている。2022 年以降，各国・地域で入国規制が緩和され，経済活動は新型コロナ前の状況に戻りつつある。その中，マレーシア，ベトナム，ラオスなどの国で，最低賃金を引き上げる動向もみられた（北見・山口，2022）。

次に，ASEAN 諸国の生産年齢人口の供給は比較的十分である。2010 年以降，中国の人口ボーナスが基本的に消滅し，生産年齢人口が徐々に減少しており，労働集約型産業の長期的な発展には役立たない。表 3-6 に示したように，2021 年の ASEAN 諸国の人口増加率は，中国の 0.09% よりもはるかに高く，明らか

図 3-6　中国と ASEAN 諸国の製造業での一般工職の月額賃金（単位：米ドル）

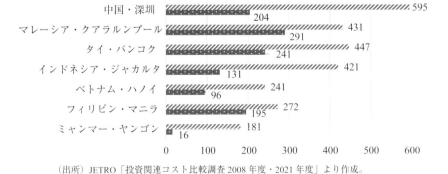

（出所）JETRO「投資関連コスト比較調査 2008 年度・2021 年度」より作成。

に人口発展の潜在力を持っている。2021 年末までに，ASEAN10 カ国の総人口は 6.73 億人で，同年の中国総人口（14.12 億人）の 47.67％に相当し，生産年齢人口（15〜64 歳）の合計は 4.56 億人である。そのうち，インドネシア（総人口 2.76 億人），フィリピン（同 1.11 億人）とベトナム（同 0.98 億人）は ASEAN10 カ国の人口ランキング上位 3 カ国となり，それぞれの生産年齢人口が 1 億 8,600 万人，7,300 万人，6,700 万人であり[14]，労働集約型産業に十分な労働力を提供し，幅広い消費市場を提供することができると見込まれている。

　また，表 3-6 に示したように，一部の ASEAN 諸国は，業務用電力・水道・ガス料金と不動産コストにおいても一定の比較優位を持っている。2021 年における中国・深圳では，業務用電気の月額基本料を除く，1kWh 当たりの料金は 0.02〜0.16 ドルで，それよりも低いマレーシア・クアラルンプール（0.05〜0.09 ドル）[15]，インドネシア・ジャカルタ（0.07 ドル）とラオス・ヴィエンチャン（0.06 〜0.08 ドル）がある。同様に，業務用水道料金について，中国・深圳の 1m³ 当たりの料金 0.16〜0.58 ドルより安いのはタイ・バンコク（0.30〜0.51 ドル），カンボジア・プノンペン（0.23〜0.52 ドル）とラオス・ヴィエンチャン（0.32 ドル）である。業務用ガス料金について，中国・深圳の 1kg 当たりの料金 0.68 ドルより安いのはマレーシア・ジャカルタ（0.27〜0.29 ドル），タイ・バンコク（0.63 ドル）とインドネシア・ジャカルタ（0.38 ドル）がある。不動産コストについても，2021 年における 1m² 当たりの工業団地（土地代金）が中国・深圳では 660 ドルであるのに対して，最も低いマレーシア・クアラルンプールは，約 5 分の 1 の 141.34 ドルである。1m² 当たりの工業団地月額借料が中国・深圳では 2.13 ドルであるのに対して，最も低いラオス・ヴィエンチャンは 0.04 ドルと大きな差が生じている。

4-1-2　ASEAN 諸国における投資環境の改善

　中国国内の環境保護規制が徐々に強化されるにつれて，大企業はモデルチェンジやグレードアップを求めたり，環境保護圧力が少ない ASEAN 諸国へのシ

---

14)　World Bank, World Development Indicators による。

15)　マレーシアの業務用電気月額基本料金がやや高く，144.23 ドル／月となっている。

表 3-6　中国と ASEAN 諸国の生産要素コスト（2021 年）

国名	人口成長率(%)	業務用電気月額基本料(1kWh 当たり料金)(単位：ドル)	業務用水道月額基本料(1㎥当たり料金)(単位：ドル)	業務用ガス月額基本料(1kg 当たり料金)(単位：ドル)	工業団地(単位：ドル/㎡)	工業団地借料(単位：ドル/月)
中国	0.09	基本料:3.40~4.95/kVA(0.02~0.16)	基本料：—(0.16~0.58)	基本料：—(0.68)	660	2.13
マレーシア	1.12	基本料:144.23(0.05~0.09)	基本料:8.65(0.50~0.55)	基本料：—(0.27~0.29)	141.34	4.9
タイ	0.18	基本料:10.0(0.08~0.16)	基本料:2.89(0.30~0.51)	基本料：—(0.63)	220.6	7.4
インドネシア	0.70	基本料：—(0.07)	基本料:4.70(0.85)	基本料：—(0.38)	170〜224	4.89〜6.0
ベトナム	0.84	基本料：—(0.05~0.20)	基本料：—(0.53~1.00)	基本料：—(1.28)	土地購入不可	0.18〜0.35
フィリピン	1.50	基本料：—(0.20)	基本料:20(1.93)	基本料：—(1.02~1.61)	166.67〜177.08	5.21
カンボジア	1.17	基本料：—(0.14)	基本料：—(0.23~0.52)	基本料：—(1.00)	100%外資企業による土地購入不可	0.04〜0.13
ラオス	1.43	基本料：—(0.06~0.08)	基本料:1.84(0.32)	一般に使用されていない	外資企業による土地購入は認められない	0.04
ミャンマー	0.70	基本料：—(0.10~0.14)	基本料：—(0.68)	基本料：—(0.75)	外国法人，個人の土地購入は不可	0.13〜0.14

（注）①各国の人口成長率以外のデータは，中国とミャンマーを除く，各国首都のデータが用いられる（中国には深圳を用いて，ミャンマーにはヤンゴンを用いる）。
　　　②中国の業務用電気料金の計算方法：（変圧器容量 × 22 元 /kVA）＋（使用量 × 1kWh 当たり料金）。
（出所）JETRO「投資関連コスト比較調査 2021 年度」より作成。人口成長率については，World Bank, World Development Indicators より作成。

フトを求めたりしている。雁行形態論によれば，現在キャッチアップ期にある
ASEAN 内の後発開発途上国が，海外から先進技術を学びながら自国産業を発
展させるため，中国からの製造業向けの直接投資を大歓迎している（閻，
2019）。

　ASEAN 主要 6 カ国[16)] では，外国投資と先進的な技術を誘致するために，外
資系企業に対して税制優遇制度を実施したり，研究開発（R & D）を奨励する
ためのイノベーション研究プログラムを創設したり，技術と人材を誘致する外
資系企業に助成金を支給したり，様々な優遇政策を導入するようになっている。

　ASEAN 主要国は一連の投資インセンティブ措置を導入し，外資系企業に対
して様々な税率軽減または免税制度を採用している。例えば，シンガポールの
新規企業向け免税制度や一部企業に対するインセンティブ・助成金支給など，
タイの業種・技術に基づく恩典や各種追加恩典など，インドネシアのタックス
ホリデー制度や税制優遇制度など，フィリピンの戦略的投資優先計画に基づく
優遇措置，ベトナムの投資優遇分野，地域，条件に基づく優遇措置，マレーシ
アのパイオニアステータスや投資・再投資控除など（JETRO，2022），ほとんど
の国では 3〜10 年間の減税・免税政策が実施されている。ベトナムでは，特定
の事業を対象として一定の条件を満たせば，優遇税率は 30 年まで延長も可能
となる。インドネシアの経済特区制度による，18 カ所の経済特区内の産業に
対して，特定の条件を満たせば，最大 25 年間にわたって約 20〜100% の減税
となるほか，原材料の輸入に対する付加価値が免除される。

　そのほか，一部の国では，外資系企業の部門誘致のために，地域総括拠点へ
の優遇措置を講じている。例えば，シンガポールでは，金融・財政センターに
対する税制優遇措置制度やグローバル・トレーダー・プログラムを実施してい
る。タイでは，国際貿易などの地域統括事業を行う会社に対する投資奨励策を
実施している。フィリピンでは，国際取引を行う多国籍企業の管理本部として
機能する地域総括本部の設立によって様々な優遇装置を受けることができる。

---

16)　シンガポール，インドネシア，フィリピン，ベトナム，マレーシアとタイの 6 カ
　　国である。

一部の国では，輸出型産業を誘致するために，関税や消費税などが免税される
自由貿易地域（FTZ）も設けられている（JETRO，2021）。

　また，ローカル人材採用へのインセンティブも導入されている。シンガポー
ルの雇用促進助成金制度や新給与補助金制度，インドネシアの労働集約型産業向
けの法人税減税と総所得の軽減措置，マレーシアの採用奨励金制度など，技術
と人材を導入する外資系企業に助成金を支給している（JETRO，2021）。

4-1-3　米中貿易摩擦の影響

　中国国内の生産要素コストの上昇と ASEAN 諸国の投資環境の改善により，
中国から ASEAN へ生産シフトがすでに数年前から始まったのである。近年，
米中貿易摩擦の激化によって，中国から ASEAN へ生産シフトを加速させてい
る。

　グローバル・トレード・アトラス（Global Trade Atlas）の統計データによれば，
2017 年から 2020 年にかけて，中国と ASEAN との輸出シェア（12.34～14.83％）
と輸入シェア（12.29～14.63％）は年々拡大している。この貿易拡大シェアに大
きく寄与しているのはベトナムとの貿易となっている。2017 年から 2020 年に
かけて，中国からベトナムへ輸出の年平均増加率は 16.80％となり，ベトナム
から輸入の年平均増加率は 25.07％となっている。中国とベトナムとの貿易拡
大の大きな要因として，集積回路（HS8542）の貿易額の増加が挙げられる。
2018 年 8 月から米国は中国からの集積回路に対して第 2 弾の追加関税の対象
品目（25％の追加関税を課す）と指定された影響で，中国から米国への輸出は
2019 年に前年比 5 億ドル弱減少したが，その代わりに，2020 年には，中国か
らベトナムへの集積回路の輸出は前年比 36.9％増，ベトナムからの輸入も前年
比 52.0％増となった。2018 年第 3 四半期（7～9 月）に米国の対中追加関税措置
第 1～3 弾の実施より，米国の対中輸入は多くの対象品目で大きく減少した。
そのうち，特に機械類や電気機械は大幅な輸入減となった。例えば，電気機械
（HS85）の場合，米国の対中輸入が 2019 年には前年比 146 億ドル減となったと
ともにベトナムからの輸入が 28 億ドル増加，それと同時に中国からベトナム
への輸出が 76 億ドル増加したことになる。米国では中国からの輸入が減少し

た代わりに，ベトナムからの輸入が増加した。それと同時に，中国からベトナムへの輸出が急速に拡大したこともあり，中国からベトナムを経由して米国へ輸出されるという迂回輸出の可能性もあると指摘されている（吉岡，2021）。このような迂回輸出の対象品目として，特に衣服，靴や電気製品などが多いという。

　米中貿易摩擦による追加関税の実施は，アジア域内におけるサプライチェーンにどのような影響を与えるか。アジア域内の貿易構造は，部品などの中間財の域内生産分業により，日本・韓国・台湾から中国へ主として中間財が輸出され，一方，中国から日本・欧米へ最終財が輸出されるという構造が見て取れる（深見，2016）。このような三角貿易の構造[17]　の中，中国はアジアないしは世界の製造業のサプライチェーンの中心にある（三浦，2021）。周知のように，アジアのサプライチェーンを構成する 2 大産業は繊維産業と電気・電子機器産業である（三浦，2021）。OECD の付加価値貿易統計（Trade in Value Added，TiVA）によれば，2018 年には，労働集約型産業である中国の繊維産業の対米輸出[18]　について，輸出額の付加価値の内訳として，中国が 89.9%，その他の国が 10.1% を占めている。このように内製化[19]　が進むと，繊維産業に対する追加関税の影響はほとんど中国国内にとどまるという。一方，電気・電子機械産業について，対米輸出額の付加価値の内訳として，中国が 72.6%，その他の国が 27.4% を占めるため，追加関税の影響は周辺アジア諸国・地域にスピルオーバーしていくという（三浦，2020）。

4-2　中国から ASEAN への生産シフトの特徴

　中国から ASEAN への直接投資は製造業を中心に行われているため，生産移転された産業は主に製造業における履物産業，繊維産業のローエンド分野（労

---

17)　三角貿易の構造は中間財生産→最終財生産→市場，という構造である。
18)　中国対米輸出には，第三国から輸入した部品や中間財が含まれている。
19)　内製化とは，外部委託していた業務を自社のリソース（社員や設備など）を使うように切り替えることである。

働集約型産業）と電気・電子機器産業となっている[20]。

　中国の履物産業は，ベトナム，インドネシア，カンボジアを中心とする
ASEAN 諸国にシフトしている[21]。中国は世界最大の履物生産国と輸出国であ
るが，輸出市場の規模が縮小し続け，2014 年以降中国の履物輸出量と輸出額
が下落し続けている[22]。同時に，ASEAN 諸国の履物生産と輸出が急速に増加
している。例えば，台湾の 3 大靴メーカーである宝成，豊泰，鈺斉はベトナム，
インドネシア，カンボジアに積極的に投資して工場を建設し，生産能力の拡大
を急いでいる[23]。宝成工業の暦年財務報告によると，2011〜2019 年の間に，中
国における宝成工業の靴生産ラインの割合は 47.4％から 13％に徐々に低下し，
2019 年にはベトナムとインドネシアの合計生産量は総生産量の 83％を占めた。
世界の履物輸出市場における ASEAN 諸国の競争力が絶えず強化され，2019
年の世界の履物総生産量が約 250 億足に達し，ベトナムは世界の総生産量の
5.4％を占める 14 億足の生産量で 3 位にランクされ，そのすべてが輸出されて
いる。外国投資の増加と国際受注の推進に伴い，ASEAN 諸国の履物輸出には
力強い成長を維持している。

　中国の繊維・衣料品産業のローエンド分野は，主にベトナム，カンボジア，
ミャンマーにシフトしている[24]。中国の衣料品輸出市場の規模も縮小を続けて
おり，2012 年以降，中国の衣料品輸出額は平均 2〜3％のペースで減少してい
る[25]。ASEAN 諸国には安価な労働力があるため，中国繊維産業のトップであ
る魯泰 A，聯発股份，百隆東方，華孚時尚，既製服製造のトップである天虹紡

20）「全球産業鏈向東南亜転移情況分析報告」2022 年 11 月 18 日（https://new.qq.com/
　　rain/a/20221118A09X0000）を参照。下記も同様。
21）注 20）と同じ。
22）「制靴産業大迁徙，中国出口損失 4,300 億」2022 年 1 月 11 日（https://www.sohu.
　　com/a/515839389_115479?scm=1019.e000a.v1.0&spm=smpc.csrpage.news-list.1.
　　1641885449881OYVVUEZ）を参照。
23）「台湾制靴三雄宝成，豊泰，鈺斉，今年持続押宝東南亜越南」2021 年 4 月 8 日（http://
　　toutiao.shoes.net.cn/News-info/f17-114269.html）を参照。
24）「全球産業鏈向東南亜転移情況分析報告」2022 年 11 月 18 日（https://new.qq.com/
　　rain/a/20221118A09X0000）を参照。
25）中国紡織工業聯合『中国紡織工業発展報告 2021〜2022』による。

績と申洲国際および靴下類のトップである健盛グループなどの会社がベトナム，カンボジア，ミャンマーなどの国で生産能力の拡張を行っている。加えて，米国の中国衣料品に対する追加関税の影響により，中国から一部の海外注文がASEAN 諸国に流れている。2020 年には，ベトナムは中国，EU に次ぐ世界第3 位の繊維・衣料品輸出国となり，繊維・衣料品の輸出額は 2012 年の 181.9 億ドルから 2020 年の 378.6 億ドルに急増し[26]，繊維・衣料品市場は世界 100 以上の国・地域に広がり，マレーシア，インドネシア，カンボジアの輸出額も急速に上昇している。

　電気・電子機器産業の外資企業も ASEAN 諸国に進出している。中国製の電子ブランドの競争力の強化と労働コストの上昇の影響を受けて，一部の外資企業は徐々に中国から撤退し，労働コストがより低い ASEAN 地域に生産拠点を置くようになっている。韓国のサムスンを例に，2008 年にはベトナムに最初の工場を設立して以来，サムスンはベトナムに投資を強化している。2021 年には，ベトナムにおけるサムスンの 4 つの主要子会社の売上額が 742 億ドルに達し，ベトナムでのサムスン携帯電話の生産能力は，サムスンの世界生産量の50％以上を占めている[27]。韓国系企業のサムソンのほか，日系企業では住友電工，村田製作所，台湾系企業では鴻海，仁寶，和碩連合科技，中国の地場企業である立訊精密工業，徳寶電池，瑞声科技控股などもベトナムへの投資を進めている（朝元，2022）。

4-3　中国を中心とするサプライチェーンの優位性

　中国から ASEAN への生産シフトの特徴から，米中貿易摩擦の影響により，アジアのサプライチェーン再編の動きは労働集約型産業から電気・電子機器産業に広がっていく様子が窺える（三浦，2019）。

　2019 年 7 月 23 日の国務院新聞弁公室の記者会見によれば，国際情勢の影響

---

26)　中国紡織工業聯合『中国紡織工業発展報告 2013〜2014』による。

27)　「三星越南公司 2021 年営収達 742 億米元」2022 年 1 月 21 日（https://baijiahao.baidu.com/s?id=1722546862356953883&wfr=spider&for=pc）を参照。

を受けて，一部の外資企業が中国市場から撤退し，労働集約型産業を含めた一部の国内加工製造業がコストのより低い国に移転することは，産業発展の客観的な規律に合致する，とされた。実は，数年前から，中国国内の労働力や環境保護などコストの上昇に伴うビジネスの変化を受けて，サプライチェーンの移転がすでに進んでいる中，米中貿易摩擦がそれを後押した形である。移転された産業のうち，中・低レベルの製造業が多く，その規模も限定的とみられる（宗金，2019）。

　中国から ASEAN への生産シフトは，産業発展の客観的な規律に基づき，一部産業かつ一定規模に限られた動きであると考えられる。今後も，アジアのサプライチェーンにおける中国の主導的な地位が続くだろう。なぜなら，ASEAN 諸国と比較した際に，中国のサプライチェーンは特有の優位性を持っているからである。中国の東南沿海部は専業化が進んでおり，企業間の協力関係の構築により膨大なサプライチェーンネットワークが生まれてきた。このネットワークの規模が大きければ大きいほど，集約中継機能を果たす中小企業が多くなる。それによって，分業の程度が深まり，専業化がさらに高度になり，効率性を向上させる。それと同時に，数多くの中小企業が互いに協力し合うことによって，柔軟性も向上させる。このようなネットワークに基づき，生産工程のサプライチェーンの効率性と柔軟性が備えられた[28]。しかし，サプライチェーンの規模が拡大するにつれて，従来の生産要素コストである労働コストと土地代以外に，サプライチェーンネットワークの運営効率に関わる取引コストも考えなければならないので，総合的に考えると，中国のコストは決して高くないという指摘もある[29]。ほかにも，中国の優位性として挙げられるのは，中国ワーカーの技術レベルの高さ，非常に大きな中国市場の存在，などがある。最近は，海外メディアの報道によると，アップルがサプライチェーンの「脱中国」を加速させ，中国以外のアジア諸国に組み立て業務移転を進めるよう求めるとされ

28）「ベトナムは第二の中国になれるか」『多元ニュース』2022 年 4 月 28 日（https://tagennews.com/?p=1784）を参照。

29）注 28）と同じ。

る。しかし，ASEAN諸国では工場の規模，従業員の規模が中国とは比べられ
ないだけでなく，アップルが満足するハイエンド製品を生産できるのは中国の
プライヤーしかないと認識されている[30]。

4-4　サプライチェーン再編への影響

　中国からASEANへの生産シフトは，中国を中心とするアジアのサプライ
チェーン再編にどのような影響を与えるか。実は，中国からASEANへの生産
移転というより，生産プロセスの一部の移管[31]に過ぎず，移転が行われたの
は最終的な組み立てのプロセスである。つまり，アジア域内に生産工程を分散
させるというサプライチェーンの拡張であると見受けられる（大泉，2022）。

　近年，中国からの生産移転先として，ベトナムの存在感が高まっている[32]。
中国との近接性，安価な労働力，既存電子産業集積の基盤，といった点でベト
ナムは，ほかのASEAN諸国よりも中国企業の生産拠点の受け皿として高い優
位性を持っている。ベトナムは，中国からの履物産業，繊維・衣料品産業，電
気・電子機器産業の移転を受け入れている。米国の追加関税を回避するために，
迂回輸出というルートが利用されている。つまり，中国から輸出された中間製
品が，ベトナム国内で組み立てられ，その後の最終製品がベトナム製品として
米国へ輸出されるということである。この中間製品はサプライチェーンプロセ
スで生産されるため，ベトナムに移転されていない。以前，中間製品は武漢か
ら東莞あるいは惠州へ渡り，そこの工場で組み立てて輸出というプロセスであっ
た。現在は，工場が東莞あるいは惠州からベトナムに移転し，中間製品は武漢

---

30)　「アップル，東南アジアへ生産移転目指すも脱中国はまだ不可能」『36Kr Japan』
　　2023年1月5日（https://36kr.jp/216728/）を参照。
31)　生産シフト（生産移転）はよく生産拠点の移転（移管）として表現される。
32)　前述の内容により，中国とASEANとの貿易拡大シェアに大きく寄与しているのは
　　ベトナムとの貿易となっている。また，2018年から2021年にかけて，中国の対イン
　　ドネシア・タイ・ベトナム直接投資が上昇する傾向にある（図3-4と図3-5）。ベト
　　ナムは中国からの履物産業，繊維・衣料品産業，電気・電子機器産業の受け皿となっ
　　ている。

から直接ベトナムへ渡り，ベトナムで組み立てて輸出するようになる。ベトナムにとっては，中国の「低付加価値分野の下請け的な存在」に過ぎないともいわれている[33]。電気・電子産業において，比較的付加価値の低い最終生産工程での輸出競争力を持っているからこそ，追加関税の影響に左右されやすく，ベトナムなどの周辺アジア諸国にスピルオーバーしていくだろう。このような生産の最終プロセスの移転は，あくまで中国を中心としたサプライチェーンネットワークの規模が拡大したことを意味するという[34]。

5．おわりに

　本章では，アジアにおける直接投資と中国の対 ASEAN 直接投資の動向をそれぞれ考察した上で，中国から ASEAN への生産シフトの背景と特徴，またこのような生産シフトがアジアのサプライチェーン再編にどのような影響を与えるかを明らかにした。

　2010 年以降，アジアにおいて，中国の対外・対内直接投資は大きく上昇した。中国の対 ASEAN 国別直接投資額からみると，ASEAN10 カ国では平均増加率の最も伸びている 3 カ国はそれぞれインドネシア，タイとベトナムとなっている。中国の対 ASEAN 産業別直接投資額からみると，中国から ASEAN への直接投資は製造業を中心に行われている。2021 年には，製造業への直接投資先は，主にインドネシア，ベトナム，タイ，シンガポールなどの相手国となっている。ASEAN 諸国の電子商取引の急速な発展に伴い，従来の製造業，採掘業，インフラのほか，中国の対 ASEAN 直接投資はサービス業にも流れている。

　中国から ASEAN への生産シフトは，産業発展の客観的な規律に基づき，一部産業かつ一定規模に限られた動きである。中国国内の生産要素コストの上昇と ASEAN 諸国の投資環境の改善により，中国からサプライチェーンの移転がすでに進んでいる中，米中貿易摩擦がそれを後押しすることになる。米中貿易

33）「中国からの生産移管先として企業がベトナムを選ぶ 3 つの理由」『日刊工業新聞』
　　2021 年 3 月 7 日（https://newswitch.jp/p/26211）を参照。
34）　注 28）と同じ。

摩擦の影響を受けて，中国から ASEAN への生産シフトは製造業における労働集約型産業から電気・電子機器産業に広がり，生産工程を分散させるというサプライチェーンの拡張へとつながったと考えられる。とはいえ，ASEAN 諸国に比べて，中国のサプライチェーンには，効率性と柔軟性の兼備，従業員の技術レベルの高さや国内市場の規模の経済性などの優位性を持っているからこそ，中国から ASEAN への生産移転が行われたのは最終的な組み立てプロセスにとどまっているだろう。

　今後は，アジアのサプライチェーンにおける中国の主導的な地位が続くと考えられる。アジアにおけるサプライチェーン再編に向けて，中国で構築されているサプライチェーンのレジリエンス（強靭性）を強化させるために，ASEAN 諸国を既存のサプライチェーンに組み込むように，サプライチェーンをさらに拡張させる必要がある。2022 年 12 月に中国のゼロコロナ政策の大幅な緩和を背景に，「脱中国」より，多国籍企業は「チャイナ・プラスワン」戦略を維持したほうが，アジアのサプライチェーンのメリットを享受すると同時に生産リスクも回避できるのではないだろうか。今後の課題として，アジアのサプライチェーン最適化にはどのような対策が有効かを検討する必要がある。

　追記　本章は筆者のディスカッションペーパー（2023）「アジアにおけるサプライチェーン再編の動向：中国の ASEAN への生産シフトを中心に」の一部を加筆修正したものである。

参 考 文 献

朝元照雄（2022）「中国から ASEAN・インドにシフトする『世界の工場』：台湾の海外直接投資の新しい動態」『世界経済評論 IMPACT』No. 2409。

石川幸一・馬田啓一・清水一史編著（2021）『岐路に立つアジア経済—米中対立とコロナ禍への対応』文眞堂。

猪俣哲史（2020）「生産の『脱中国』は本当か：中国をめぐるグローバル・バリューチェーン再編の可能性」『国際問題』第 689 号，5-16 頁。

Wicaksono P. and L. Priyadi（2021）「インドネシアにおける中国の一帯一路戦略〜精錬所・高速道路・発電事業の事例」『国際貿易と投資』第 124 号，38-57 頁。

牛山隆一（2021）「中国企業，ASAEN 事業を拡大強化―懸念される日本企業の地位低下」『国際貿易と投資』第 124 号，1-16 頁。

浦田秀次郎・牛山隆一・可部繁三郎編著（2015）『ASEAN 経済統合の実態』文眞堂。

閻旭冲（2019）「中国の OFDI の現状とその変容」『総合政策論叢』第 38 号，53-69 頁。

大泉啓一郎（2022）「変化する東アジア域内貿易　日本主導から中国主導へ」『亜細亜大学経済研究所所報』第 189 号，10-11 頁。

王娜（2023）「アジアにおけるサプライチェーン再編の動向：中国から ASEAN への生産シフトを中心に」中央大学経済研究所ディスカッションペーパー No. 382，1-27 頁。

北見創・山口あづ希（2022）「新型コロナ禍 2 年目のアジアの賃金・給与水準動向」『JETRO 地域・分析レポート』7 月 4 日（https://www. jetro.go.jp/biz/areareports/2022/ea6f8923fcf2600a.html）。

久我由美（2009）「中国－ASEAN 自由貿易地域（ACFTA）と投資政策」『アジア研究』第 55 巻第 4 号，39-54 頁。

酒向浩二（2021）「タイで台頭し始める中国製造業―『タイランド 4.0』に『中国製造 2025』で積極呼応」『みずほインサイトアジア』，1-10 頁。

JETRO（2021）「再検証：ASEAN の経済・投資環境」『JETRO 調査レポート』，1-41 頁。

JETRO（2022）「ASEAN 主要国の対内投資政策とマレーシア」『JETRO 調査レポート』，1-61 頁。

駿河輝和（2022）「ASEAN 後発国における外国直接投資受入れと投資環境」『国際協力論集』第 29 巻第 2 号，1-26 頁。

深見環（2016）「アジアにおける域内分業の進展と貿易構造の変容」『四天王寺大学紀要』第 61 号，285-298 頁。

遠見伸弘（2021）『チャイナ・アセアンの衝撃―日本人だけが知らない巨大経済圏の真実』日経 BP 社。

松本充弘・野木森稔（2022）「ASEAN・インドの安定成長と進む『脱中国』」『アジア・マンスリー』第 22 巻第 261 号，1-4 頁。

三浦有史（2019）「広がるサプライチェーン再編の動き」『アジア・マンスリー』第 222 号，1-2 頁。

三浦有史（2020）「米中対立とアジアのサプライチェーン再編」『JRI レビュー』第 2 巻第 74 号，17-34 頁。

三浦有史（2021）「問われる中国との向き合い方―サプライチェーン戦略と広域経済連携政策をどう読むか」『グローバル経営』第 11 号，10 頁。

三木敏夫（2009）「雁行形態的経済発展と東アジア共同体に関する研究―広域地域経済圏形成に向けて」『アジア研究所紀要』第 36 号，1-85 頁。

宗金建志（2019）「特集：米中摩擦でグローバルサプライチェーンはどうなる？中国の識者，生産移管は正常な範囲内と認識」『JETRO 地域・分析レポート』12 月 25 日（https://www. jetro.go.jp/biz/areareports/special/2019/1201/0ba7e7855628776f.html）。

吉岡武臣（2021）「米国の対中追加関税措置による ASEAN の貿易への影響」『2020

年度コロナ渦と米中対立下の ASEAN ―貿易，サプライチェーン，経済統合の動向―』国際貿易投資研究所（ITI）調査研究シリーズ No.117，45-65 頁。

＊ウェブサイトへのアクセスはすべて 2023 年 2 月 26 日（確認済）

第Ⅱ部

中国経済の構造的転換──理論と実践

第 4 章

グリーンボンド市場と中国経済社会の アウトサイド・ステークホルダー

田 中 廣 滋

1. はじめに

2022 年 12 月の時点で，コロナウィルス感染の再拡大への対策による生産活動と輸出の減速，これまで経済成長のエンジンとして機能してきた不動産価格の低迷，人口減少と社会保障問題などの大きな課題の存在などを考慮すれば，2023 年も中国は社会の持続可能性にとってプラスの指標を見つけることは困難である。2023 年以降，主要な指標が好転すれば，10 年後には，中国社会が世界一の超大国として君臨する可能性はあるが，高齢化社会を迎え停滞期の入り口にある可能性も否定できない。仮に中国が高度成長の軌道への復帰に国家の政策目標の優先順位を高く設定しても，結果として，未達成な楽観的なシナリオだけがあとに残され，今後社会には積み残された課題が累積する状況への対応が求められる可能性が高い。このようなリスクを軽減するためにも，持続可能な社会の建設を目指すことは合理的な判断といえるであろう。

2022 年 10 月 23 日，習近平国家主席は中国共産党，第 20 期中央委員会第 1 回全体会議で総書記に 3 選された。中国社会の持続可能性は中央集権の政治体制だけで容易に実現するのではなく，グローバル社会と一体化した分権的なガ

バナンスを必要条件とする[1]。清華大学と中央大学の共同研究である Tanaka
（2016b），（2017a）は日本と中国の分権的な取組みに関する実証研究を展開する。
歴史的にみても，中国社会は集権的な統治機構を伝統的に基盤とするが，その
一方で，民間の生活の豊かさを向上させるために，地域のニーズに対応する組
織づくりを実践する。中国共産党の統治下において，中国の地域社会のガバナ
ンスは政府，人民軍や国有企業などの組織によって運営されてきた。やがて，
改革開放政策が実施される時代になると，地域の持続可能性を支える社会組織
の弱体化が懸念される。例えば，市場化の影響は国有企業の民営化にも表れる。
中国では国有企業が民営化されると，株式の保有などで中央政府や地方政府の
影響力が地域経営に行使されるが，市場経済が支配する自由競争の企業環境の
もとで，企業の関心は，地域社会の繁栄から離れて，市場の状況と株価を重視
する株主の評価に向けられる。高度化する市場の仕組みが消費者と生産者との
間のコミュニケーションの向上を通じて，参加者の生活水準の向上を可能にす
る一方で，グローバル市場でのコミュニケーションが生産やサービス供給の意
思決定に反映されにくい社会保障や環境などの分野において生じる市場および
政府の失敗への対応が社会的リスクとして重大な課題になる。改革開放政策の
成果として輝きを増した中国経済社会は，市場経済システムの周りに社会的な
大きなリスクを抱えることになった[2]。

　この認識のもとで，市場経済を補完する経済社会のガバナンスの仕組みが工
夫される。例えば，持続可能な社会の実現を目指して，草の根民主主義に支え
られた伝統的な自治社会の再構築も社会の支えとなる[3]。社会の持続可能性は，

---

1)　持続可能な社会はトップダウンなシステムではなく，ボトムアップの仕組みによっ
　てもたらされることが知られている。社会全体が中央集権と地方分権のシステムを
　とる場合の持続可能性に関する比較分析は，Tanaka（2017b），（2018），（2019a）の一
　連の研究において展開される。田中（2020）はデジタル産業革命が中国のコミュニティ
　にもたらす変革を論じる。本章は分権社会の持続可能性が中国社会に活かされる政
　策を考察する。
2)　Long and Gao（2019）はグローバル化とデジタル化が中国社会に縮小都市と表現さ
　れる都市化などの社会変革をもたらす実態を検証する。
3)　李強（Qiang LI）は Tanaka（2016b）の第 1 章 "Grassroots Community Construction,

社会の基盤となる主要な組織が持続可能なガバナンスを実践することによって
実現される。Tanaka（2016a）は企業が持続可能な社会に貢献するために必要な
条件を明示する理論モデルを提示する。Tanaka（2020b），（2021a）は，デジタル
技術の進歩が双方向のコミュニケーションを容易にすることに注目して，デジ
タル産業革命が進行するグローバル社会が，持続可能な分権的枠組みの形成に
寄与することを指摘する。Tanaka（2020b）の図1は2018年のPRI（Principle of
Responsible Investment）の報告書の内容から中国の企業および組織における自発
的な取組みがグローバル化が顕著となる以前の時期と比較して，進化している
ことは確かめられるが，一部の企業の取組みが持続可能性の国際水準に到達し
ていないことを推論する。環境問題や社会インフラの建設に関するプロジェク
トには巨額の資金を必要とし，しかも，事業継続に大きなリスクを有する可能
性がある。持続可能な社会の構築に関するプロジェクトには，多数のステーク
ホルダーとの連携と多様な資金源を組合せたリスク管理が必要である。このよ
うな状況下において，グリーンボンドやサスティナビリティ債などは持続可能
な社会の実現を目指す。Tanaka H. and C. Tanaka（2022）はESG（Environment,
Society and Government)の投資戦略が社会の持続可能性の指標である社会厚生の
改善に果たす効果を検証する。

　持続可能な経済社会はデジタル産業革命の影響を受ける。例えば，2019年
から2022年のコロナウィルス感染拡大に対して，中国政府はゼロコロナ政策
を実施した。その中で，テレワークやオンラインの教育などが生産や社会生活
を支えた。社会の持続可能性とデジタル産業革命の関係は重要な研究課題と
なった。デジタル化された社会の持続可能性を解明するために，Tanaka（2019b）
はステークホルダーをインサイド，アウトサイドおよびエクスターナル・ステー
クホルダーに分ける。議論に先立ち，ステークホルダーの分類に関する簡略な
説明がなされる。インサイド・ステークホルダー（Inside Stakeholders）は正規の
従業員，企業グループの取引先などであり，分析対象の企業あるいは組織と利

Comparative Study on Chinese and Japanese Communities, and Qinghe Experiment"の3頁
（1-5行）で中国における政府，社会，市場の関係の再構築の重要性を強調する。

益を共有する正のステークホルダーである。アウトサイド・ステークホルダー
（Outside Stakeholders）はインサイド・ステークホルダーのように企業あるいは組
織と長期間の利益共有を前提として関係を構築することなく，市場の取引にお
ける対価の支払いによって関係が完結する。この分類には，非正規の労働者，
ギグワーカー（Gig Workers）などが含まれる。アウトサイドおよびエクスターナ
ル・ステークステークホルダー（External Stakeholders）は，企業あるいは組織の
活動から負の限界効用あるいは限界便益を受ける。特に，エクスターナル・ス
テークホルダーは企業あるいは組織から外部不経済を受ける地域住民などの例
がある[4]。Tanaka（2020a），（2020c）はデジタル技術の進歩によって持続可能な社
会を構築する枠組みに多くのアウトサイド・ステークホルダーの関与に関する
法制度の整備が進むことにより，ステークホルダーの構造変化が進むと論じる。
　分配の面での変化からみて，インサイド・ステークホルダーからアウトサイ
ド・ステークホルダーへのシフトをもたらす構造変化が生じることが論証され
る。このことは，中国においても地縁や血縁などによって結束を保たれるイン
サイド・ステークホルダーとの関係よりも，市場のルールが支配するグローバ
ル経済との取引や連携の重要性がデジタル技術に後押しされて増大することを
意味する。言い換えれば，グローバル化とデジタル化が進展する経済社会にお
いて，中国社会の持続可能性はインサイド・ステークホルダーと並んで，アウ
トサイド・ステークホルダーが影響力を持つ社会システムを有する。しかしな
がら，企業あるいは組織とインサイド・ステークホルダーとアウトサイド・ス
テークホルダーは異なるコミュニケーションのチャンネルを有することが理論
的にも明らかにされる。この議論は中国経済で国内の内需拡大をもたらす経済
発展（大循環）と海外から発展要因を取り込む双循環（Dual Circulation Strategy）
に新たな理論的基礎を提供する[5]。デジタル産業革命の特徴は，ステークホルダー

---

4)　Xie（2009）は中国において住民が環境問題に関心あるいは参加する活動に関する
　　研究結果を公表する。
5)　この政策は中国14回5か年計画（2021-25年）で公示される。議論はTanaka（2021c）
　　の4頁の左側の説明を参照。

の構造変化の観点から明確にされる。デジタル技術を用いた決済サービスだけでなく，オンラインの教育サービス，納税などの行政サービス，テレワークによる在宅勤務などデジタル技術は多様なサービスを生み出す。この新しい社会システムが生産や生活に浸透して，経済活動が従来の枠を超えて発展するにつれて，経済社会の持続可能性は，生産あるいはサービスの供給主体である企業あるいは組織が慣行に基づくルールではなく，経済社会と協働する枠組みを支える新たな法制度や規範の形成を必要とする。このデジタル産業革命が中国社会にもたらすステークホルダーの構造変化は地球環境問題，格差解消などとともに，コロナ・ショックからの経済回復の政策にも大きな影響を与える[6]。

　本章の構成は以下の通りである。1節は，導入の考察である。2節は量的金融緩和政策の時代に政府債務発行が政府通貨を補完する仕組みを理論的に説明する。この理論的な分析は，量的金融緩和政策による信用創造の限界費用が上昇することを解明する。3節は炭素排出の世界的な削減要求とそのための手段としてグリーンボンドの利用状況を説明する。4節ではグリーンボンドの社会的最適発行量がマルチステークホルダーの理論を用いて論じられる。5節はグリーンボンドが中国社会の持続可能性に果たす役割を4つの点に関して考察する。6節はまとめの論考である。

2．政府の累積債務

　社会のデジタル化は，グローバル・コミュニティに共通する現象であることから，経済社会の問題解決に関してインサイド・ステークホルダーに対するア

6）　田中（2021b）は，コロナ感染の拡大がステークホルダーの構造変化に与える影響を以下のように分析する。コロナウィルス感染拡大は製品製造と運輸などのサプライチェーンの機能を低下させるが，正のステークホルダーであるインサイド・ステークホルダーの社会的限界評価が一時的に低下すると仮定される。これに対して，デジタル産業革命はアウトサイド・ステークホルダーに関する社会的限界評価を長期的に上昇させる。コロナ・ショックはインサイド・ステークホルダーからアウトサイド・ステークホルダーへのシフトを促すと論じられる。コロナ・ショックからの回復期には逆の方向への反動が生じるが，コロナ感染拡大前の状況に完全に戻ることはないと予想される。

ウトサイド・ステークホルダーの影響力が高まるという理論の有効性は，中国
の持続可能な政策の検証によって実証される。表 4-1 は 2000 年以降の中国政
府の累積債務の推移を俯瞰する（2016 年以降の数字は 2023 年に改訂された）。2008
年から 2009 年の世界金融危機を乗り切るために，中国政府も世界の主要国と
連携して積極的な財政政策を展開した。その結果として，2000 年比での政府
債務残高の比率は 2008 年の 3.77 倍から 2009 年の 5.24 倍へと増加傾向を示す。
これに続く量的緩和政策は 2010 年代の政府債務累積残高を 2010 年の 6.04 倍

表 4-1　政府総累積残高の推移

年	政府総累積残高 （10億人民元）	対2000年比
2000	2,294.05	1.00
2001	2,712.75	1.18
2002	3,144.25	1.37
2003	3,675.58	1.60
2004	4,258.70	1.86
2005	4,937.58	2.15
2006	5,614.65	2.45
2007	7,888.94	3.44
2008	8,638.33	3.77
2009	12,017.24	5.24
2010	13,858.25	6.04
2011	16,349.15	7.13
2012	18,539.23	8.08
2013	22,085.79	9.63
2014	25,842.03	11.26
2015	28,714.15	12.52
2016	35,984.60	15.69
2017	42,885.58	18.69
2018	49,309.59	21.49
2019	56,712.46	24.72
2020	69,806.87	30.43
2021	81,797.33	35.66
2022	94,732.78	41.29

（注）GFS（政府財政統計マニュアル）
　　　2021 年と 2022 年の数字は 2022
　　　年 10 月現在での IMF の推計値
（出所）中国の政府債務残高の推移─世
　　　界経済のネタ帳（ecodb.net）2022
　　　年 12 月 30 日参照

から 2019 年の 24.72 倍へと顕著に増加させる。その後のコロナウィルス感染拡大の時期には，この数字は 30 倍を超える高い数字となる。

　田中（2023）は政府債務発行が社会信用をもたらされる仕組みを考察する。量的金融緩和の社会的実験は国債発行による信用創造の仕組みの解明と有効性に焦点を当てる[7]。議論の簡単化のために信用に関する社会的な限界便益曲線が変わらないとすれば，社会的に最適な政府債務はその社会的限界費用曲線の形状に依存する。社会的限界費用は信用創造の社会的限界費用が内部費用，信用を維持するための取引費用および信用崩壊のリスクから構成されると仮定される。国債発行など政府債務による信用創造が有効な量的金融緩和の期間において，内部費用は政策的に低く保たれる。しかしながら，量的金融緩和政策の結果として，累積政府債務が増大すれば，金利負担などを含む取引費用と債券価格暴落の可能性が高まる。取引費用とリスクを表示する社会的限界費用が上昇すれば，信用創造の内部費用への上昇圧力が生じ，量的金融緩和政策のもとにおいても，信用創造の社会的限界費用は上方にシフトする。多くの先進国において，量的金融緩和の政策的優位性は失われて，社会的限界費用の上昇を制御可能な量的金融引締め政策に量的金融緩和政策から重心が移動する。中国においても，表 4-1 において確認されるように累積債務発行額の増加は，政府にとって金融緩和政策終了への圧力として作用する。

　持続可能な社会を構築するための信用創造の仕組みは以下のように説明される。本章は，田中（2021a）と（2023）で使用された 2 信用モデル分析を用いて，中国による政府債務発行による信用の仕組みを考察する。社会信用の総供給量が x，政府通貨によってもたらされる信用量が x_1，政府債務発行から得られる信用量が x_2 で表示される。分析を簡単化するために，この 2 つ以外に信用は創造されないと仮定され，等式

$$x = x_1 + x_2 \tag{1}$$

---

7)　Wray（2015）は，ゼロ金利などの非伝統的金融政策による国債発行が銀行通貨と同様な信用創造の機能があることをわかりやすく解説する。

が成立すると想定される。量的金融緩和の理論が主張するように、国債発行は、通貨発行と同等の機能を果たすが、金利負担や金融システムに独自の影響をもたらす。各タイプの信用が社会的な信用創造に異なる貢献をする可能性があり、式の上では $\frac{dx_1}{dx} \neq \frac{dx_2}{dx}$ であると想定される。

　信用の便益と費用関数は $B(x)$ と $C(x)$ で表記される。ただし、$B'(x)>0, B''(x)<0, C'(x)>0, C''(x)>0$ を満足する。費用関数は

$$C(x) = C_1(x_1) + C_2(x_2) \tag{2}$$

と書かれる。信用の社会的純便益関数 $NB(x)$ は

$$NB(x) = B(x) - C(x) \tag{3}$$

で定義される。社会的に最適な信用創造が目指されるとき、(3)式を x_1 と x_2 に関して1階微分の最適条件が求められる。この最適条件は

$$\frac{dB}{dx}(x) = \frac{dC_1}{dx_1}(x_1) \frac{dx_1}{dx} = \frac{dC_2}{dx_2}(x_2) \frac{dx_2}{dx} \tag{4}$$

と書き換えられる。(4)式において、各タイプの信用創造に対して、限界配分 $\frac{dx_1}{dx}, \frac{dx_2}{dx}$ が限界費用にウェイト付けられる。各信用に対するウェイト増大は、その信用創造の限界費用を増大させる。利用が進む信用は限界費用が増大して、その信用の供給が抑制される。政府通貨による信用拡大がインフレーションや金利上昇などによる信用創造の限界費用上昇を伴うことから、国債の発行などによる政府通貨を補完する信用創造の手段が用いられる。しかしながら、この信用は市場による資金調達が前提となり、政府と市場との信頼の形成と協力が重要になる。政府の累積債務が拡大するにつれて、政府はより広範囲にステークホルダーと公正で透明なコミュニケーションを実行しなければならない。

　中国の経済・社会を支える信用創造のシステムの持続可能性に関してこれまで以上に注意深い分析が必要になる。「国際決済銀行（BIS）によれば、2022年6月末の中国の非金融部門の債券残高は、国内総生産（GDP）の約3倍の295%に達し、過去最高だった。1998年3月末の日本の（金融危機時の数字）296%と

肩を並べる」[8]。中国経済は政府累積債務の処理とバブル崩壊の危機に直面するといえる。この2つの難問が連動して大きな社会的危機を誘発する可能性もあることから，本章の論考で，信用創造に関する一般的な理論分析ではその範囲が広すぎて，危機の全体像が明確に解明されない恐れがある。次節は，グリーンボンドに議論を限定することを通じて，中国社会の再生への道として期待される持続可能なグリーン・ファイナンスを論ずる。

3. GX とグリーンボンド

中国は14次国家5カ年計画（2021～25年）の開始とともに，二酸化炭素の排出量のピークを2030年までに達成して，2060年までにカーボンニュートラル（Carbon Neutrality）を実現すると宣言する。2021年の実績値で，炭素排出削減の計画を実現するために中国のグリーンボンド市場が拡大したことが次のように確かめられる[9]。Climate Bond Initiative の基準を満たすグリーンボンドの累積発行額は2021年末には約2,000億米ドル，1.3兆人民元に達した[10]。

認証に基づくグリーンボンドの中国市場取引額は，2016年にグリーン・ファイナンスの枠組みが導入されてから最大の増加を記録した。グリーンボンドの投資分野は Climate Bonds Initiative（2022）で，また金融市場での価格形成は Harrison（2022）で分析される。国内と海外市場では認証の基準が異なるが，認証済みのグリーンボンドの両市場での発行総額は，前年の2.4倍の1,095億米ドル（7,063億人民元）である。しかしながら，グリーンボンドの発行額（2021年）は中国の債券市場の約1%の水準にとどまっており，将来的にはさらに発展することが見込まれている[11]。2021年，国内のグリーンボンド市場の発行額が231%アップして555億米ドル（3,580億民元）に増加したことが注目される。2021年に中国で発行されるグリーンボンドの81.4%が国内市場に拠っており，

---

8) 「大機小機」『日本経済新聞社』2023年1月20日。
9) 中国のグリーン・ファイナンスとグリーンボンドの実施状況は Climate Bonds Initiative and SynTao（2022）で紹介される。
10) Deng et al.（2022）p. 2 中央の段落。
11) Ibid., p. 3 左側の段落。

国内での発行が中国のグリーンボンドの成長に寄与する[12]。オフショア市場は国内市場と比較して発行額の増加率が小さいが，グリーンボンド発行額は年増加率80％であり，2021年に127億米ドル（820億人民元）に達した。グリーンボンド発行額における，2021年のオフショア市場のシェアは18.6％である[13]。

中国政府のカーボンニュートラルを目指す政策に対応して，2021年，金融機関以外の企業・機関もグリーンボンドの発行額を482％増やして312億米ドル（2,011億人民元）とした[14]。この額は中国のグリーンボンドの発行額の46％を占め，金融機関のシェアを上回る。2021年，国内市場でのグリーンボンドの発行額の97％は政府関連のプロジェクトである。2021年，中国のグリーンボンドの88.3％は再生エネルギー，低炭素の輸送手段，低炭素の建築物に用途が定められている[15]。

4．マルチステークホルダーの理論分析

持続可能な社会を構築するためには，各国は2050年までに炭素の排出を抑制するGX（Green Transformation）の戦略を作成する。低炭素社会の構築はグローバル社会の課題であり，持続可能な社会実現を目指す公民協働の仕組みを必要とする。Tanaka H. and C. Tanaka（2021）はアウトサイドおよびエクスターナル・ステークホルダーと比べてインサイド・ステークホルダーが支配的な社会ではグリーンボンドが社会的に最適な水準を超過して発行され，社会的な余剰の損失も拡大すると論じる。この議論はグリーンボンド市場の持続可能性がアウトサイドおよびエクスターナル・ステークホルダーによるグリーンボンド発行への参加の状況で分析され，アウトサイド・ステークホルダーの参加の程度は国内市場に対するオフショア市場の利用割合を実証分析に用いる。

この分析方法の有効性を明らかにするため，以下で理論モデルが簡単に紹介

---

12) Ibid., p. 8 左側の段落。
13) Ibid., p. 9.
14) Ibid., p. 5 左の段落。
15) Ibid., p. 10 の最上段のグラフ。

される。理論モデルでの仮定は以下の通りである。グリーンボンドの発行から影響を受けるステークホルダー総数が n である。インサイド，アウトサイドおよびエクスターナル・ステークホルダーは，$1, \cdots, n_0$；$n_0 + 1, \cdots, n_1$；$n_1 + 1, \cdots,$ n で表示される。グリーンボンドの発行額は x，ステークホルダー i がグリーンボンドのプロジェクトから非負の利得 t_i を得る。ステークホルダー i によるこのプロジェクトの評価は $V_i(x,\ t_i) \geq 0$ で示される。ステークホルダーはプロジェクトから直接的に限界便益を得る正のステークホルダーと資金や労力の提供および負の外部経済から負の限界便益を得る負のステークホルダー $\frac{\partial V_i}{\partial x} < 0$ に分けられる。より厳密には，正と負のステークホルダー i はそれぞれ $\frac{\partial V_i}{\partial x} \geq 0$ と $\frac{\partial V_i}{\partial x} < 0$ を満たすと定義される。本章では，分析を容易にするために，インサイド・ステークホルダーが正のステークホルダー，アウトサイドとエクスターナル・ステークホルダーが負のステークホルダーと想定される。グリーンボンドの発行主体は費用便益分析に基づきプロジェクトの内容が定められるボンドの発行額を決定すると想定される。プロジェクトからの純利益は $\pi(x)$ で書かれる。グリーンプロジェクトは重大な外部経済が存在して，公民協働による社会的厚生損失の解消を目標とする。プロジェクトのボンド発行主体と各タイプのステークホルダーは異なるコミュニケーションの手段を選択する。インサイド・ステークホルダーはボンド発行主体と発行量の意思決定に参加することが容易であり，影響度は係数 $\beta(x)$ で示される。$\beta(x)$ はボンド発行量の増加関数であると想定される。この関係は，$\beta'(x) > 0$ で表示され，グリーン・ボンド発行には，相対取引，政府機関による保証や出資などが実施される可能性も暗示する。

　これに対して，アウトサイドおよびエクスターナル・ステークホルダーはボンドの発行量に直接影響を与えることはできないと想定される。この 2 つのステークホルダーはボンド市場の制度改善などによって発行量を調整しようとする。ステークホルダー i はボンド発行に関するコミュニケーションのシステムの改善に努力 y_i を自発的に支出する。この中には，デジタルシステムの開発や積極的な情報の公開も含まれる。コミュニケーションシステムは公共財なので，コミュニケーションの感度 $\gamma(y)$ は $y = \sum_{i=1}^{n} y_i$ の増加関数である。この関係は

$\gamma'(y)>0$ で表示される。主として，y_i を用いてアウトサイド・ステークホルダー i がボンド市場の取引システムに影響を与えることで，間接的に自らの評価を発行主体に伝えることが可能である。Tanaka（2021b）はデジタル産業革命を取引費用の変化という観点から分析する。デジタル化は取引で形成されたステークホルダーの構造を変化させる。アウトサイド・ステークホルダーが支配的であるデジタル取引およびオフショア市場の拡充はボンド市場の発展に大きな影響を与えると予想される。これに対して，エクスターナル・ステークホルダーは発行主体に法律や規制などの手段を用いて自らの利害を守ることは可能である。この法および規制制度の機能は，エクスターナル・ステークホルダー以外のインサイドとアウトサイド・ステークホルダーにとっても重要な機能である。ボンド発行に伴う法規制制度は投資家およびコミュニティのステークホルダーの要請に基づいて制定されると想定される。この関係は以下のように数式化される。各ステークホルダー i はボンドの発行主体に対して社会資本の整備や脱炭素社会の実現に関して達成目標を課している。その水準は α_i で表示される。ステークホルダー i は実際の評価との差 $(\alpha_i - V_i)$ を埋めるために，罰則や課税を含めた法規制を発行主体に求める。一般的にいって，目標が達成されることは稀なので，不等式 $\alpha_i \geq V_i$ の成立が仮定される。増加関数 $\varphi_i'(\alpha_i - V_i)>0$ が罰則などの法規制による費用を表現する。グリーンボンドの発行主体が直面する純社会的便益（Net Social Benefit, NSB）は

$$\text{NSB}(x) = \pi(x) + \beta(x)\sum_{i=1}^{n_0}\{V_i(x,t_i) - y_i\} + \gamma(y)\sum_{i=n_0+1}^{n_1}\{V_i(x,t_i) - y_i\}$$
$$- t - \sum_{i=1}^{n}\varphi_i\{\alpha_i - V_i(x,t_i)\} \tag{5}$$

と書かれる[16]。社会的純便益最大化を目指すグリーンボンド発行に関する微分

16）　(5) 式は田中（2023）の (6) と類似する。グリーンボンドの発行主体あるいは政府の債務発行主体は発行の規模をコミュニティに対する影響の大きさで変化させる。この2つの論文は，規模 n と法制度を示す関数 φ_i の意味に留意して，2つのタイプの債券発行に費用便益分析が展開可能であることを論じる。

の1階の条件は(6)式で書かれる。(6)式の左辺はグリーンボンド発行主体の私的限界利潤（AH線），右辺は社会の限界評価（0E線）を表示する。(6)式の右辺の最後の2項は，インサイド・ステークホルダーが正のステークホルダー，アウトサイドおよびエクスターナル・ステークホルダーが負のステークホルダーであるという性質を分析に反映させる。

$$\frac{d\pi}{dx} = \sum_{i=1}^{n_0} -\left\{ \frac{d\beta(x)}{dx}(V_i(x,t_i)-y_i) + \beta(x)\frac{\partial V_i(x,t_i)}{\partial x} \right\} - \gamma(y)\sum_{i=n_0+1}^{n_1} \frac{\partial V_i(x,t_i)}{\partial x}$$
$$- \sum_{i=1}^{n_0} \frac{d\varphi_i}{d(\alpha_i-V_i)}\frac{\partial V_i(x,t_i)}{\partial x} - \sum_{i=n_0+1}^{n_1} \frac{d\varphi_i}{d(\alpha_i-V_i)}\frac{\partial V_i(x,t_i)}{\partial x}. \tag{6}$$

　中国におけるグリーンボンド発行に関する分析が容易になるように，正のステークホルダーを説明する関数 $F(x)$ と負のステークホルダーの活動に関連する関数 $G(x)$ が用いられる。(6)式は図4-1を用いて，視覚的に説明される。$F'(x)<0$，$G'(x)>0$ であることが確かめられることから，$F(x)$ と $G(x)$ は直線 0B と 0G で近似される。

$$F(x) = \sum_{i=1}^{n_0} -\left\{ \frac{d\beta(x)}{dx}(V_i(x,t_i)-y_i) + \beta(x)\frac{\partial V_i(x,t_i)}{\partial x} \right\}$$
$$- \sum_{i=1}^{n_0} \frac{d\varphi_i}{d(\alpha_i-V_i)}\frac{\partial V_i(x,t_i)}{\partial x}. \tag{7}$$

$$G(x) = -\gamma(y)\sum_{i=n_0+1}^{n_1} \frac{d\varphi_i}{d(\alpha_i-V_i)}\frac{\partial V_i(x,t_i)}{\partial x} - \sum_{i=n_0+1}^{n} \frac{d\varphi_i}{d(\alpha_i-V_i)}\frac{\partial V_i(x,t_i)}{\partial x}. \tag{8}$$

　グリーンボンドの社会的限界評価は F(x) ＋ G(x)であり，図4-1において，0B線と0G線を合計した0E線で表示される。グリーンボンドの発行額は AH 線と0E線の交点 D の水平軸の座標で決まる。AH線が固定されていると仮定すれば，グリーンボンドの発行量の変化は0E線の動きを観察することによって明らかにされる。インサイド・ステークホルダーに関して，ステークホルダー数 n_0，ウエイト $\beta(x)$，標準や法制度の整備 α_i などの指標の改善は(7)式を増加させる。これに対して，アウトサイドおよびエクスターナル・ステークホルダーに関しては，デジタル投資などによるコミュニケーション環境の整備 $\gamma(y)$ および標準や法制度の整備 α_i などの指標の改善は(8)式を小さくする。この2つ

図4-1 グリーンボンドの最適発行

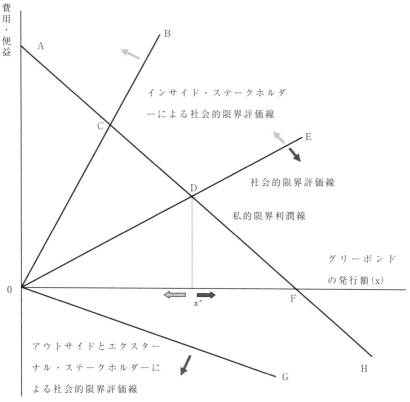

（出所）筆者作成

の要因が相互に作用してグリーンボンドの発行を決める。インサイド・ステークホルダーに関するグリーンボンドの発行条件の整備はグリーンボンドの発行量の増加に寄与するのに対して，アウトサイドとエクスターナル・ステークホルダーのコミュニケーション環境の改善はグリーンボンドの発行抑制に作用する。結果的には，0E線を下方にシフトさせて，グリーンボンドの発行を増加させる要因は，インサイド・ステークホルダーに関して発行の影響力を高める制度改革あるいはコミュニケーションの機能を高める法制度と標準の緩和などである。注意点として，Tanaka H. and C. Tanaka（2021）はインサイド・ステークホルダーの過大な影響力のもとで社会的厚生の損失が生じる可能性を論じる。

これに対して，アウトサイドとエクスターナル・ステークホルダーのボンド発行に関する影響力を高める市場の参加とコミュニケーション機能向上などはボンド発行などには抑制的な役割を果たす。グリーンボンド市場の発展に寄与するデジタル投資はグリーンボンドの超過発行に対する防止効果を有する。

5.　グリーンボンド市場と中国社会の持続可能性

　中国社会の持続可能性がグリーンボンド市場の理論分析を通じて明らかにされる。本章の分析結果が明確になるように，以下の4項目に関する論点が整備される。

① 　政府の累積債務がグリーンボンド発行に与える影響

　2節で中国が2010年代以降政府の累積債務が増加する事実を確認する。量的金融緩和政策の理論がコロナ感染拡大に対する経済対策にも継続して適用されたことから，政府債務が一層拡大した。2節では，量的金融緩和政策において，国債などの政府債務が政府通貨を補完する通貨の機能を果たすことが想定される。政府通貨と政府債務による2信用創出モデルが適用可能である。累積政府債務が増加するにつれて，信用創造の限界費用が上昇することは論証される。政府債務による信用創造の優位性が低下して，量的金融引締めが政策的に主流となる。

② 　GXがグリーンボンド発行に与える影響

　カーボンニュートラルの目標となる持続可能な社会建設のための長期的な投資支出は多額の資金需要をもたらす。このための信用供給は貨幣とは異なり，その一部はグリーンボンドの枠組みで供給可能である。この仕組みでは，民間の資金の拠出と運用が前提となることから，公民協働の仕組みが機能することが重要になる。実際には，社会全体からみて，信用の過小供給あるいは過大供給が生じる可能性が存在する。本章はグリーンボンドの社会的な費用便益分析を展開する。中国社会では，改革開放政策の開始とともに，社会開発プロジェクトの便益が不動産価格の上昇などによる大規模な資産価値の増加に由来する事例が多い。このように求められた開発利益でさえ，社会全体で共有されるこ

とは困難である。本章で用いられる理論モデルでは，異なるタイプのステークホルダーによるプロジェクトに関する評価の統合が論じられる。

③　資産バブルの崩壊の可能性

　将来，資産価格のバブル崩壊が生じれば，多くの開発プロジェクトにおける正のステークホルダーの比重が相対的に低下するであろう。中国のGXプロジェクトもアウトサイド・ステークホルダーの育成とともに持続可能性が実現される必要がある。現状では，債券市場全体からみるとグリーンボンドの規模が大きくはないが，この分野での資金需要が潜在的に大きいことから，アウトサイド・ステークホルダーの成長とグリーンボンド市場環境の整備が整うとグリーンボンドの市場は成長すると見込まれる。

　Tanaka H. and C. Tanaka（2021）はマルチステークホルダーの理論がオフショア市場と国内市場の役割を考察することによって明確になると論じる。中国において国内市場の規模が大きいことが確かめられる。このことは，中国がインサイド・ステークホルダー主導のもとで経済運営が実行されていることを物語る。さらにアウトサイド・ステークホルダー生育の可能性は中国における研究テーマとなる。

④　高齢化社会とグリーンボンド市場

　高齢化社会とマルチステークホルダーの理論の関係は明確である。人口の高齢化はアウトサイドとエクスターナル・ステークホルダーの層を相対的に厚くする。(6)式は人口が高齢化するときの持続可能なグリーンボンドの枠組みを以下のように予測する。人口の高齢化はエクスターナルとアウトサイド・ステークホルダーの比重の増大を意味する。その結果として，発行の基準が厳格になり，グリーンボンドを用いたプロジェクトにおける債務不履行の可能性が低下して，社会的な経済損失が減少することが期待される。また，公共交通機関の整備など高齢者の生活の質の向上に寄与するプロジェクトの優先度を高める工夫も容易になる。

6. おわりに

　改革開放政策が中国に高度成長の恩恵をもたらしたが，その推進の主力は市場機構のダイナミズムであった。この期間，土地などの資産価格の大幅な上昇のトレンドは国民の富を増加させることを可能とした。この富の増加が市場での投資を上昇させて，高度経済成長に寄与したが，今後，社会保障制度の整備などに巨額の資金需要があることを考えると，経済成長の成果が国民全体に十分に行き渡る仕組みは中国社会には未完成である。中国社会は持続可能性を実現するためには政治体制の安定だけでなく，経済や社会のシステムのバランスの取れた発展が必要になる。特に，脱炭素社会の建設や高齢化社会の進展に適応する社会の仕組み実現のために経済活動の成果が各分野に配分されるのではなく，社会的課題ごとに適正に社会的活動を制御するという目標が定められなければならない。

　中国のグリーンボンドでは，国内市場とオフショア市場でグリーンボンドの発行に異なる標準が採用されることは中国の公共プロジェクトにおけるインサイド・ステークホルダーの影響力が維持されることを意味する。本章の議論はこのシステムは経済の拡大に有効であるが，プロジェクトのデフォルトなどの危険が拡大すると推論する。グリーンボンドが中国経済社会の持続可能に寄与するためには，マルチステークホルダーの理論は，アウトサイドとエクスターナル・ステークホルダーの評価がボンドの発行主体の意思決定に反映されるように持続可能性を高めるグリーンボンドの機能強化が求められると論じる。

参 考 文 献

田中廣滋（2020）「デジタル産業革命と持続可能なコミュニティガバナンス」谷口洋志編著『中国政治経済の構造転換Ⅱ』中央大学経済研究所研究叢書77，中央大学出版部，3-20頁。

田中廣滋（2021a）「信用創造の2通貨モデルによるデジタル通貨の検証」『中央大学経済研究所年報』53号（Ⅱ）121-135頁。

田中廣滋（2021b）「コロナショックと第4次産業革命─マルチステークホルダーのシステム分析」焼田党・細江守紀・藪田雅弘・長岡貞男編著『新型コロナ感染

の政策課題と分析—応用経済学からのアプローチ』日本評論社，163-179 頁。

田中廣滋（2023）「量的金融緩和と量的金融引き締めがもたらす金融構造変化とマルチステークホルダー理論」『経済学論纂（中央大学）』第 63 巻，5・6 号。

Climate Bonds Initiative（2022），*China Green Bond Investor Survey 2021,* cbi_china_investor_survey_0.pdf（climatebonds.net）：アクセス 2023 年 1 月 30 日。

Climate Bonds Initiative and SynTao（2022），*Green Finance China Green Finance Policy; Analysis Report 2021*, policy_analysis_report_2021_en_final.pdf（climatebonds.net）：アクセス 2023 年 1 月 30 日。

Deng M., W. Xie, J. Shang（2022），*China Green Bond Market Report 2021,* co-produced by the Climate Bonds Initiative（Climate Bonds）with the China Central Depository & Clearing Company（CCDC Research），and with support from HSBC, cbi_china_sotm_2021_0.pdf（climatebonds.net）：アクセス 2023 年 1 月 30 日。

Harrison, C.（2022），*Green Bond Pricing in the Primary Market H1 2022 - Climate Bonds Initiative*, cbi_pricing_h1_2022_02g.pdf（climatebonds.net）：アクセス 2023 年 1 月 30 日。

Li, Q., T. Wang, J. Yu（2020），"Innovations on Community Governance: Tsinghua University・Qinghe Experiment," *Keizaigaku Ronsan; The Journal of Economics*, Chuo University, 60（5,6），pp. 65-80.

Long. Y. and S. Gao（eds.）（2019），*Shrinking Cities in Chaina: The Other Fact of Urbanization,* Springer Nature Singapore.

Tanaka, H.（2016a），"The Sustainability Theorem in the ESG Mechanism," *Long Finance and London Accord,* pp, 1-29. https://www.longfinance.net/programmes/sustainable-futures/london-accord/reports/the-sustainability-theorem-in-the-esg-mechanism/：アクセス 2023 年 2 月 1 日。

Tanaka, H.（ed.）（2016b），*Global Community Governance*, Research Papers No 5, The Institute of Economic Research, Chuo University.

Tanaka, H.（ed.）（2017a），*Economy, Society and Community Governance,* Research Papers No 6, The Institute of Economic Research, Chuo University.

Tanaka, H.（2017b），"Sustainability of Global Communities and Regional Risk Governance," *Asia Pacific Journal of Regional Science* 1, pp. 639-653. http://doi.org/10.1007/s41685-017-0057-x

Tanaka, H.（2018），"Mechanism of Sustainability and Structure of Stakeholders in Regions," *Financial Forum,* Vol. 7（1），pp. 1-12. http://doi.org/10.18686/ff.v7i1

Tanaka, H.（2019a），"Rehabilitation of the Decentralization in the Centralizing Process of Global Communities," *Journal of Global Issues and Solutions*, Vol.19（3），may-june, pp. 1-18. Rehabilitation of the Decentralization in the Centralizing Process of Global Communities – The Nature of Thought – Part XVI – THE BI–MONTHLY JOURNAL OF THE BWW SOCIETY：アクセス 2023 年 1 月 30 日。

Tanaka, H.（2019b），"Innovation on the Digital Economics and Sustainability of the Global Communities," *Annals of social sciences & management studies*, Juniper 4（2），pp. 1-10. http://doi.org/ 10.1980/ ASM.2019.04.555635

Tanaka, H.（2020a）, "Digital Revolution and Structural Reform of Stakeholders," *Journal of Global Issues and Solutions,* Vol. 20（2）, March-April, pp. 1-7. Digital Revolution And Structural Reform Of Stakeholders – The Bi–Monthly Journal of the BWW Society：アクセス 2023 年 1 月 30 日。

Tanaka, H.（2020b）, "Chinese sustainable framework in the digitalized global communities," *International Journal of Economic Policy Studies,* Springer 14（2）, pp. 327-336. http:// doi.org/10.1007/s42495–020–00039–w

Tanaka, H.（2020c）, "Digital Economic and Social Systems to be Featured by Stakeholders," *Annals of Social Sciences & Management Studies* 5（4）: 86-94. http://doi.org/10.1980/ ASM.2020.05. 555670

Tanaka, H.（2021a）, "Green Bonds Issuance and Chinese Sustainable Governance," *Long Finance and London Accord* 1–16. https://www.longfinance.net/media/documents/Green_ bonds_and_Chinese__Sustainable_Governance_.pdf：アクセス 2023 年 1 月 30 日。

Tanaka, H.（2021b）, "Digital Industrial Revolution and an Index of Transaction Cost," *American Journal of Novel Research in Sciences* 8: 1-2. http://doi.org/10.31031/ NRS.2021.08.000678

Tanaka, H. and C. Tanaka（2021）"Green Bonds Issuance and Stakeholders Governance," *Annals of Social Sciences and Management Studies* 6: 1-11. http://doi.org/10.1980/ ASM.2021.06. 555697

Tanaka H. and C. Tanaka（2022）, "Sustainable Investment Strategies in Multi Stakeholders Communities," *Green Finance,* 4（3）, pp. 329-346. http:// doi.org/ 10.3934/GF.2022016

Wray, L. Randall（2015）, *Modern Money Theory; A primer on Macroeconomics for Sovereign Monetary Systems*（2nd ed.）, Palgrave Macmillan. 島倉原・鈴木正徳訳（2019）『MMT 現代貨幣理論入門』東洋経済新報社。

Xie, L.（2009）, *Environmental Activism in China,* Routledge, London.

第 5 章

中国の家計貯蓄率の動向について

唐　　　　成

郭　　訳　臨

1. はじめに

　戦後日本の高度経済成長の大きな要因は高い家計貯蓄率の存在であったと同様に，1978 年以降の中国経済における重要な特徴の 1 つに，家計貯蓄率が世界的にも群を抜いて，極めて高いことである。このような家計部門の貯蓄超過は余剰資金として企業部門に吸収され，設備投資資金の源泉となって資本ストックを蓄積し，中国の高度経済成長を支えてきたのである。

　しかし，2012 年からの中国経済は高度成長が終焉し，経済構造転換期に入っているにもかかわらず，家計貯蓄率は依然として高止まりをしている。このことは裏を返せば，高度経済成長の原動力の 1 つであった高い家計貯蓄率が，「低消費・高貯蓄」という経済構造的な問題として浮上している。したがって，経済成長率が鈍化した経済構造期において，なぜ家計貯蓄率は依然として高い水準を維持しているのか？　それが作用しているメカニズムは何かを解明することは極めて重要である。

　2010 年代以降のミクロデータベースの充実を背景として，中国の家計貯蓄行動に関する研究はすでに数多く挙げられている。本章の目的は，代表的な家計貯蓄理論に基づいて，中国における高い家計貯蓄率に関する最近の研究をサー

ベイし，中国の貯蓄率がなぜ高いのかについての理解を深めることにある。このため，日本における家計貯蓄行動の研究成果をも取り上げて，中国への示唆を試みる。

　このような問題意識のもとで，本章ではまず第 2 節で，家計貯蓄率の動向をマクロデータとミクロデータに基づいて確認する。第 3 節では，ライフ・サイクル仮説が中国で成り立っているのかを紹介し，その背景となる諸要因を明らかにする。第 4 節では，遺産動機が中国の貯蓄行動に与える影響について，数少ない研究結果を概説して，残された課題を述べる。第 5 節では，日本の家計貯蓄行動に関する研究成果を紹介し，中国への示唆を述べる。おわりに，本章のまとめと今後の研究課題を述べる。

2.　家計貯蓄率の動向について

2-1　家計貯蓄率に関する国際比較

　マクロデータから，国際的にみた中国の家計貯蓄率の特徴を確認しておこう。図 5-1 をみると，国際比較が可能な 1992 年の時点で，日・伊・米の家計貯蓄率がそれぞれ 20.0％に達していないことに対して，中国の家計貯蓄率はすでに 33.7％という高い水準を示しており，諸外国よりも大幅に上回っていたことがわかる。そして，先進国の中では，同じ高い貯蓄率を経験した日本とイタリアの家計貯蓄率は 1990 年代から 2010 年代にかけて減少傾向がみられ，アメリカは 2008 年のリーマンショック以降に上昇傾向がみられる。また，同じ図から，2001 年に家計貯蓄率の日米逆転現象が起き，日本は高齢化や所得の伸び悩みなどからいまや世界の低貯蓄率国になっている。

　中国の家計貯蓄率は 1990 年代後半にかけて減少傾向をみせていたが，2000 年代に入ると増加に転じ，2010 年には 38.5％に上昇していた。しかし 2010 年を境に，再び緩やかな低下傾向を示してきたが，近年では家計貯蓄率が高止まりをみせており，2019 年には 34.8％に達している。2020 年にはコロナ禍による影響が強く，38.1％へと大きく上昇しており，諸外国と比較すると極めて高水準にある。

図 5-1　家計貯蓄率の国際比較（対家計可処分所得比率）

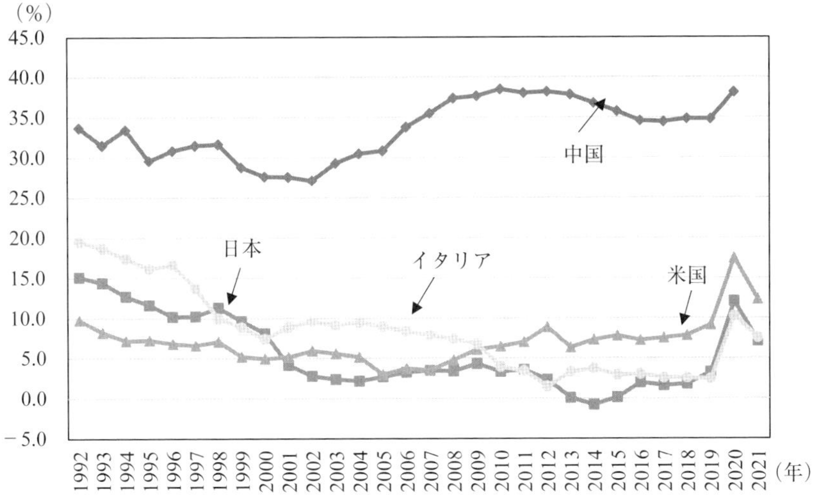

(出所) OECD データベースより筆者作成。

2-2　年齢階層別の家計貯蓄率

　公開されている国家統計局の「家計調査」データからは年齢階層別の家計貯蓄率の動向を観察することができない。ここでは，中国の代表的な家計調査データベースである西南財経大学が実施している中国家庭金融調査（China Household Finance Survey，以下，CHFS と呼ぶ）データ（隔年，有効サンプルサイズ約 3 万 5,000 世帯）を用いて，年齢階層別の家計貯蓄率の現状を推計する。CHFS は層化 3 段と確率比例サンプリング方法（PPS sampling）が用いられ，新疆，チベットを除く 29 の省（市，自治区）の範囲で実施され，県・郷（鎮）・村の行政レベルまでカバーされる代表的なサンプル調査である。調査項目は世帯の全構成員に関する人口統計学の特徴，財産，収入と支出，社会保障や公的・商業保険への加入状況，住宅情報などが含まれている。

　図 5-2 は年齢階層別の日中両国の家計貯蓄率を示している。ただし，後述するように，CHFS 調査による家計貯蓄率は世帯の総所得によって算出されるため，日中両国の家計貯蓄率の水準をそのまま比較することはできない。しかし，日中両国の年齢階級別家計貯蓄率の動向をみると，共通点は 30 歳代中頃に家

図 5-2　世帯主の年齢階層別家計貯蓄率の日中比較

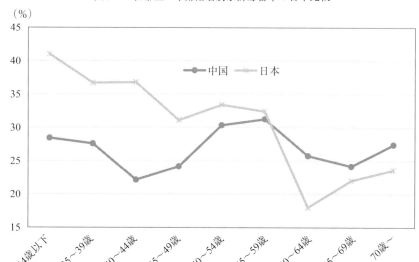

（注）中国は CHFS2015，CHFS 2017 および CHFS2019 の 3 年間の平均家計貯蓄率で，日本は
　　　勤労者世帯全体，無職者世帯全体および 65 歳以上の勤労者世帯，無職者世帯の貯蓄率
　　　を加重平均により求めたものである。
（出所）唐（2021）より。

計貯蓄率が低下傾向に転じた後，60 歳代になると再び上昇傾向がみられる。
これはライフステージ間で住宅取得，子の教育，子の結婚，老後の生活のため，
などの貯蓄目的別に家計貯蓄を分析することの重要性を示唆している。特に，
なぜ高齢者世帯の貯蓄率が上昇しているのか，従来のライフ・サイクル仮説で
は説明ができない高齢者世帯の貯蓄行動を「高齢者の貯蓄の謎」として，その
解明について関心が集まっている（陶ほか，2019）。

　以上のように，中国の家計貯蓄率の統計的事実として，①国際的にみて高い
こと，②年齢階層別で高齢者世帯の貯蓄率が上昇していること，という特徴が
明らかになった。問題は，2010 年代に入って高齢化が深刻化している中で，
なぜ家計貯蓄率は依然として高いのかである。次節以降，これまで代表的な貯
蓄理論に基づいて，ライフ・サイクル仮説および遺産動機に関する先行研究を
サーベイした上で，日本の家計貯蓄率に関する研究成果も紹介し，今後の研究
課題を述べる。

3.　中国ではライフ・サイクル仮説が成り立っているか

　家計貯蓄行動は様々な経済モデルによって構築されているが，最も重要な理論は利己主義を前提としたライフ・サイクル仮説である。この仮説はModigliani and Brumberg（1954）によって提示された最も代表的な理論モデルである。このモデルに従えば，人々は自分の子孫に遺産を残す意思がなく，資産の全部を自分の老後の生活に備えるために貯蓄するという「利己主義」を前提としている。すなわち，人々は若年時代に働き，稼いだ所得収入を備え，老後は仕事を辞め，今までの貯蓄を取り崩すことで生活を賄うことになる。このモデルが成立すれば，働く若年層は貯蓄をする傾向であり，退職した高齢層は貯蓄を取り崩す傾向である。また，ライフ・サイクル仮説が仮定する通り，人々が利己的であれば，人々は遺産を全く残さないか，死亡時期の不確実性からくる意図せざる遺産のみを残すか，利己的動機からくる遺産のみを残すはずである（ホリオカ，2020）。

3-1　マクロデータによる検証

　図 5-3 は日本と中国の高齢化の推移を示すものである。1990 年代以降，日本の高齢化率（65 歳以上人口割合）は前例のないスピードで急速に上昇し続け，世界で最も高齢化率の高い国となっている。同時に，中国も高齢化の問題を抱えている。1979 年から実施された「一人っ子政策」により，出生率が急に抑えられたため，人口構造の高齢化が他の国よりも急速に進んでいる。国家統計局によれば，2022 年の総人口は 14 億 1,175 万人で 2021 年末から 85 万減少し，65 歳以上の人口はこの 10 年で 6 割増えて，2 億 978 万人で全体の 14.9% を占めるようになった。特に 2010 年以降ではより速い速度で高齢化が進み，世界で高齢者の数が最も多い国となっている。しかも中国の高齢化現象は，「未富先老」（豊かさを実現する前に高齢化が深刻になる恐れ）という特徴を持っている。

　利己主義を前提とした最も単純なライフ・サイクル仮説では，家計貯蓄率は老年人口割合に依存して，割合が高ければ高いほど家計貯蓄率が低くなるはず

図 5-3 日本と中国における高齢化の推移

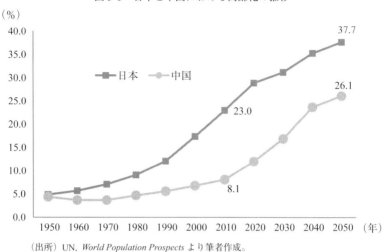

（出所）UN, *World Population Prospects* より筆者作成。

である。これまで多くの先行研究は様々なデータを用いて，人口の年齢構成や高齢化が家計貯蓄率に与える影響を分析しており，本節では，これらの研究結果を紹介し，それがライフ・サイクル仮説を支持する結果であるか否かについて吟味したい。

　Modigliani and Cao（2004）は 1953〜2000 年のマクロデータを用いて，ライフ・サイクル仮説を検証し，この理論は中国の家計貯蓄率の上昇を説明できるとした。他方，Horioka and Wan（2007）は省レベルのセミ・マクロデータを用いて，家計貯蓄率の決定要因を検証したが，高齢者割合の推計係数が統計的に有意ではないことが多かったことから，人口変数の係数が有意ではない可能性があると指摘した。他方，汪（2015）の研究では，経済成長率とともに人口変数の係数が有意であることを明らかにしている。また，李・程（2017）は高齢化が家計貯蓄率に強い影響を与え，両者の間に U 字型関係が存在していることを明らかにしている。同様に，孟ほか（2019）は高齢化によって，高まる老後の生活への不安が家計貯蓄率の上昇をもたらしていることを指摘している。このように，マクロデータを用いたライフ・サイクル仮説について，中国では必ずし

も一致した結論が得られていない。

3-2　ミクロデータによる検証

　他方，ミクロデータによる分析においても，家計貯蓄率は世帯主が若い時期や高齢期において相対的に高く，中年期はむしろ低い，すなわち世帯主の年齢と家計貯蓄率は U 字型関係があることがほぼ一致した結論である。例えば，Chamon and Prasad（2010）は，中国都市家庭調査（Urban Household Survey，以下，UHS と呼ぶ）のデータに基づいた分析によって，年齢とともに家計貯蓄率が必ずしも理論通り明確に低下しなかったことを明らかにし，その理由として，高齢化と低出生率による人口構造の変化が大きく影響していると指摘している。また，劉・杭（2013）は中国健康栄養調査（China Health and Nutrition Survey，以下，CHNS と呼ぶ）のデータを用いて，高齢化が家計貯蓄率の上昇をもたらしているとし，現段階では年金制度が不十分であることを理由として挙げている。

　さらに，胡・許（2014）による中国家庭収入調査（Chinese Household Income Project，以下，CHIP と呼ぶ）のデータを用いた分析では，人口の高齢化は農村家計貯蓄率に負，都市家計貯蓄率に正という異なる影響を与えていると指摘している。汪・呉（2019）は UHS データおよび中国家庭追跡調査（China Family Panel Studies，以下，CFPS と呼ぶ）のデータを用いて，都市家計貯蓄率と世帯主年齢とは 1996 年前後を境に逆 U 字型関係から U 字型関係に転換していることを明らかにしている。

　ただし，以上のようにミクロデータによる先行研究では，年齢と家計貯蓄率との間に U 字型関係があることにおいて，ほとんどが世帯主の年齢に焦点を当てている。しかし家計は異なる年齢の構成員からなっており，世帯主の年齢が必ずしも高齢化の程度を反映していないと思われる。中国の場合，家庭内による養老，すなわち子が老いた高齢者を扶養する傾向が強く，その慣習自体が家計貯蓄行動に及ぼす影響も大きいと思われる。

　こうした先行研究の問題点などを踏まえて，唐（2021）では，世帯人数に占める高齢者人数を高齢化率と定義して，代表的な全国規模の CHFS 2017 を用

いて，年金制度が家計貯蓄率に与える影響を実証分析しており，年金受給ダミーと年金受給額のどちらも家計貯蓄率を押し上げる効果があることを明らかにしている。この結果，年金を受給しており，かつ高齢化率が高い世帯ほど，家計貯蓄率が高くなることがわかった。

　唐（2021）と同じく，随ほか（2021）は，城郷居民基本養老保険は住民の貯蓄率を顕著に高めることができることを検証しており，教育や医療などの不確実性や収入の変動に直面する場合も，家計貯蓄を増加させる傾向があることを明らかにしている。加えて，医療などを保障する商業保険の加入は家計の不確実性を低下させる効果があり，商業保険と社会保険の両方に加入している家計ほど，貯蓄率が低くなるという同様な研究結果が得られた（尹・厳，2020，劉・虞，2022）。

　同様な指摘は高齢者の消費水準の低さからも示唆されている。例えば，Ge et al.（2018）は欧米先進諸国と異なって，労働年齢人口に比べて中国の高齢者の消費水準が全体的により低い水準になると分析している。

　これらの結果を説明する重要な理由として考えられるものは，「未豊先老」が象徴するように，中国のように急速な経済成長を遂げた国では，高齢者ほど生涯所得が少なく，資産蓄積も少ないというコーホート効果があると考えられる。このため，老後の資産蓄積の不足という状況の中で，人々は依然として保障水準が低い年金制度に対する不安があると考えられる[1]。それが家計の経済行動は，ライフ・サイクル仮説の通りになっていないことであると考えられる。

　他方，高齢化の深化とともに，中国の人口構造のもう１つ顕著な変化は少子化である。そこで，劉（2022）は少子化に注目し，子供の扶養と貯蓄率の間には負の関係があり，子供の扶養比率が１％減少すると，貯蓄率は1.8％から2.8％

---

1)　このほか，程・張（2011）は1956年から1961年の大飢饉を自然実験として，より厳しい大飢饉を経験した地域の家計ほど，家計貯蓄率が高いことを実証的に示している。この論文から高齢者世代は戦乱の世やモノ不足，大飢饉，文化大革命などを経験していることから，自身も倹約的な老後生活を送っている人々が多いと示唆される。つまり，高齢者自身の生活体験から節約志向が強く，家計貯蓄率を高めることが考えられる。

増加することが明らかにされている。そして，少子化は中国の家計高貯蓄率の重要な決定要因であると指摘している。

　また，曹・崔（2020）は世帯の年齢構成に注目して，年齢別による貯蓄行動が異なると指摘している。特に，35歳から59歳の中年層において正の関係があり，60歳以上の高齢者において顕著な正の関係があることを明らかにしている。また，汪ほか（2022）は地域別による分析を行っている。人口高齢化は都市部と農村部の教育投資率を下げると同時に，農村部の貯蓄率を低下させ，都市部の貯蓄率を上昇させることが明らかになっている。

　そして，周ほか（2021）は，中国家計における子供の性別に着目して分析している。家計内の子供が男子の家計はより住宅を購入する傾向があるため，家計内の子供が女子の家計より，男子家計のほうが家計貯蓄は顕著に高い結果が得られた。

　このような分析は Wei and Zhang（2012）による競争型貯蓄行動と捉えて，それによってライフ・サイクル仮説が成立していないことが注目されている。彼らの研究では，中国は男女性別のアンバランス化が深刻な状態にあり，男性の結婚難が大きな社会問題となっている。このため，未婚男性は結婚相手を見つけるのに大きなプレッシャーとなっており，家計は貯蓄を増やして競争力を向上させる必要があったという。

　同じく於ほか（2021）は，2010年，2011年，2012年および2014年のCFPS（中国家庭追跡調査）のデータを用いて，競争型貯蓄行動はライフ・サイクル仮説の成立を阻害する要因であると指摘している。要するに，中国の結婚市場では男女別のバランスが不均衡であることから，未婚男性は結婚の競争力を高めるために不動産を購入する傾向があり，不動産価格の高騰は家計貯蓄を高める要因となっているという指摘である。

　このように中国では「住」に対する依存が高く，持ち家志向により高い不動産価格に備えて人々は貯蓄を増やすという指摘がある（陳・楊，2013，李・黄，2015，曹・崔，2020）。特に，若者のほうがより貯蓄を増加させると明らかにされている（陳・邱，2011）。また，同研究によれば，不動産価格の上昇は，高収

入家計における投資型不動産の需要を増加させ，不動産価格をさらに押し上げると指摘している。

4.　中国では遺産動機が存在するのか

4-1　遺産動機の考え方

　前述した単純なライフ・サイクル仮説は，人々は遺産を一切残さないと仮定する。家計貯蓄行動におけるもう1つ重要なモデルは利他主義モデルである。このモデルは，利己主義を前提としたライフ・サイクル仮説と対照的なもので，利他主義を前提としている。Barro（1974）やBecker（1974，1981）によって提示されており，人々は自分の子孫のために遺産を残したいという概念である。このモデルによると，人々は自分の子供に対して世代間の愛情を抱えており，利他的な親は何の見返りがなくても（無条件で）遺産を残すはずである（Arrondel and Masson, 2006 および Laferrere and Wolff, 2006）。また利他的な動機によって，人々は主に子孫に遺産を残す目的で貯蓄をするので，退職後も貯蓄を取り崩さずに貯蓄し続ける（ホリオカ，2014）。

　欧米諸国や高齢化が進んでいる日本では，遺産動機に関する研究が多い。例えば，アメリカを対象とする研究では，高齢者世帯は遺産動機や予備的貯蓄動機に基づく資産の取り崩しペースが，標準的なライフ・サイクル仮説で予想されるよりも遅いことが指摘されている（De Nardi et al., 2016）。日本では，遺産動機の家計の貯蓄行動への影響に関する研究成果は多く挙げられており，近年ではホリオカ・新見（2017），Murata（2019），濱秋・堀（2019）などの研究がある。このうち，濱秋・堀（2019）では，金融広報中央委員会の集計データで「遺産として子孫に残す」を選ぶ割合は，2000年代半ば以降大きく上昇していることに注目して，高齢者の遺産動機が貯蓄率を高めているという実証結果を得ている。

4-2　中国の遺産動機に関する研究

中国においても果たして遺産動機が高齢者世帯の貯蓄行動に影響を及ぼして

いるのであろうか。遺産動機と家計貯蓄の関係に関する中国での実証研究は欧米や日本に比べて乏しく，以下の研究成果が報告されている。Horioka（2014），ホリオカ（2014）では，大阪大学の「暮らしの好みと満足度についてのアンケート調査」データを用いて，4 カ国（日本，アメリカ，インド，中国）において，人々の遺産に対する考え方に関する結果が示されている。その結果によると，遺産動機から判断する限り，4 つの国民のうち，日本人の遺産動機が最も利己的であり，中国人のそれがその次に利己的であるのに対し，インド人のそれが最も利他的であり，アメリカ人のそれがその次に利他的である。また，Horioka（2014）は遺産の分配方法に関する結果からも同様の結論（すなわち，日本人が最も利己的であり，中国人がその次に利己的であること）に達することができると示唆している。

　筆者らが独自に調査した 2015 年の山西省の家計データでは，貯蓄の目的を「遺産を残すため」を回答した世帯は 19.5％に上っている。またそう回答しなかった世帯の家計貯蓄率を比べると，回答した家計のほうが高いという結果が得られており，実証研究でも，その有意性が得られている（Tang and Zhang, 2022）。しかし，この家計調査の有効サンプル数は 671 世帯にとどまっている。

　他方，蔡・張（2020）によれば，遺産動機のある高齢者世帯は遺産動機のない高齢者世帯に比べて，金融資産と実物資産の規模が顕著に大きくなると指摘している。しかし，2009 年から 2010 年の北京や上海など一部の地域のみのデータを用いた分析である。それを補足する研究として，侯ほか（2021）は 2011 年，2013 年および 2015 年の CHFS（中国家計金融調査）データを用いて，90％を超える中国都市部家計は遺産動機があり，特に収入と年齢が大きい家計，そして子供の数が多く，子供が男子の家計ほど遺産動機がより高いことを示している。

　また，Tang and Zhang（2022）では，2015 年，2017 年および 2019 年の CHFS データを用いて，全国規模の高齢者世帯を抽出して，遺産動機が家計貯蓄率に与える影響を検証している。図 5-4 は異なる遺産動機の強弱さと家計貯蓄率との関係性を示している。これによると，貯蓄率 1 または貯蓄率 2 に対して，いずれも遺産動機が強いほうの家計貯蓄率は高い水準にあることを示している。

そこで，高齢者世帯を対象とした実証研究では，遺産動機が家計の貯蓄率の水準を5%から10%前後に引き上げる効果があると分析している。加えて，家計の異質性という視点の分析結果から，遺産動機が家計貯蓄率を高めているのは，主に農村世帯や資産の蓄積が比較的低い家計に顕著に表れている。

　中国では子供が結婚しても「1つの大きな家族」という枠組みの考えがあり，「百善孝為先（親孝行することは一番の善である）」という言葉があるように，特に農村では，子供は大きくなっても親の面倒を見続け，親は老後に子供に遺産を残すという深い家族想いの文化的な特徴がある。また，子供の将来の生活を心配している家計において，子供の職業や教育水準といった側面からも遺産動機が家計貯蓄率の上昇を促しているという利他的遺産動機が強いことが示唆された。このように，中国の高齢者世帯の利他的遺産行動の背後には，学歴・格差社会において，子供への強い愛情という親心が結果的に家計貯蓄率を高めたといえる。

　さらに，同論文では，日本ゆうちょ財団のミクロデータベースを利用して，日本の高齢者世帯の遺産動機の強さに関する分析も行っている。その結果，日

図 5-4　遺産動機と家計貯蓄率の関係性

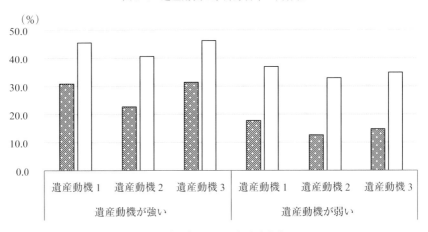

（出所）唐（2021）より作成。

本においても高齢者世帯は利他主義的遺産動機が強く，高齢者世帯の貯蓄率を高めるという結果が得られている。この背景には，日本経済の低成長で，自分よりも子供の暮らし向きが悪化することを予想する場合には，遺産動機が高齢者世帯の貯蓄率を高めるという実証研究と一致している（濱秋・堀，2019）。

　ただし，上述した数少ない中国の遺産動機の研究では，ホリオカ（2014）を除いて，遺産動機に関する説明変数はいずれも代理変数を用いている。例えば侯ほか（2021）は家計の遺産動機の確率を推計し，Tang and Zhang（2022）においては商業保険，子供の数に占める男の割合，2 軒以上の持ち家数などを代理変数として使われている。その最大の課題はいずれの中国の家計調査では，遺産動機に関する質問項目は設けられてこなかったことである。中国家計の遺産動機は果たして利己的なのか，それとも利他的なのかを明らかにすることが重要である。遺産によって資産格差が代々引き継がれ，拡大していく恐れがあるため，今後遺産動機に関する主観的な質問項目を取り入れて，一層の検証が不可欠である[2]。

5. 日本の家計貯蓄行動の研究からの示唆

　第 2 節で述べたように，日本は中国より早くから高齢化社会に突入しており，高度経済成長から安定成長期，そして低成長期へ転換している点も非常に類似しているため，人口構造と社会構造において，日本は中国の鏡として捉えることができる。したがって，本節では日本の家計貯蓄行動の特徴を概観してから，中国の家計貯蓄行動に対する日本からの示唆を検討する。

5-1　少子高齢化と家計貯蓄

日本では，老年人口の割合は家計貯蓄率に負の影響を与え，人々は若年時代に稼いだお金を老後に使用するために貯蓄していることが明らかにされている（Horioka, 1989, 1997）。そして，日本では利他主義よりも利己主義を前提とした

2）　CHFS 2011，2013 では，財産として親から遺産を受け取っているという質問項目があったものの，それ以降の調査ではこの項目がなくなっている。

ライフ・サイクル仮説が浸透しているという結果を得ている（ホリオカ・新見，2017，ホリオカ，2020）。特に，60歳以上の無職世帯の世帯主は，貯蓄を急速に取り崩しているという指摘がある（八代・前田，1994）。しかし，退職後の高齢者世帯は，資産を取り崩しているが，その崩し率は標準的なライフ・サイクル仮説が予測するほど高くないことも明らかにされており，その原因は予備的貯蓄と遺産動機によるものであると述べている（ホリオカ・新見，2017）。

　また，子供と家計貯蓄の関係について，松葉（2021）は多胎世帯に注目し，多胎世帯の純貯蓄はマイナス347万円であるに対して，一般世帯の純貯蓄はマイナス153万円であり，多胎世代が感じる経済的負担が大きいということを指摘している。

5-2　遺産動機と家計貯蓄

　遺産動機と家計貯蓄に関する日本の研究では，主にホリオカ（2014，2020）に集中している。大竹・ホリオカ（1994）および大竹（1991）によれば，遺産動機があるほど住宅の取得に対して熱心であり，子供のいる高齢者のほうが退職年齢は高く，貯蓄の取り崩し率が低いことが明らかになっている。また，ホリオカ（2014）は日中米印における国際比較分析しており，社会保障制度の違いによって，高齢者の遺産行動も異なる程度を示し，中国の遺産行動は利己的であることを指摘している。これについて，Tang and Zhang（2022）は中国の遺産動機を利他主義と解釈しており，異なる結果となった。

　さらに，日本は利己的遺産動機を抱えていることも指摘されている。ホリオカ（2014，2020）によれば，利他的な遺産動機を抱えている日本の割合は33.98％に過ぎないが，利己的な遺産動機を抱えている日本の割合は64.96％となっている。そして，親から遺産をもらえると思っている子供は，親から遺産をもらえないと思っている子供より，親と同居する確率，親の近くに居住する確率，親の世話をする確率がいずれも高いことが明らかになっている（Horioka et al., 2018）。

5-3　社会保障と家計貯蓄

　日本は 1973 年までは，公的年金制度が未発達であったため，それまでの日本人は生活の備えとして高い貯蓄率を示していた。しかし，「福祉元年」と呼ばれる 1973 年の到来とともに，公的年金制度が充分に整備されたことが，日本の家計貯蓄率の減少につながったという指摘がある（ホリオカ，2017）。また，ホリオカ（2014，2017）によれば，住宅ローンのような融資制度も家計貯蓄率に影響を与える要因であると指摘している。1970 年代までの日本は住宅ローン制度がまだ整備されておらず，人々は住宅や自動車などを購入する前に自ら貯蓄する必要があったため，日本は 1970 年代の家計貯蓄率が高かったことを示唆している。しかし，1970 年代以降に社会保障が整備され，住宅ローンの急速な普及により，日本の家計貯蓄率も徐々に低下していた。

　また，小川（2020）はマクロデータとミクロデータを用いて，近年における日本の公的年金と家計貯蓄の関係を明らかにしている。その結果，公的年金保険料は家計にとって負担となる指標として捉えられており，リスクに対して敏感な家計ほど予備的貯蓄を増加させる傾向がみられることを指摘している。

　以上のように，日本の家計貯蓄行動において，主に以下のファンディングが得られた。第 1 に，遺産動機と予備的動機は，家計貯蓄率を押し上げる要因であることは日中で同様な結果が得られた。第 2 に，公的年金と住宅ローンの整備は人々の不安を減少させ，家計貯蓄率を低下させる効果がある。第 3 に，リスクに対して敏感な家計ほど貯蓄する傾向がある。第 4 に，子供の多い家計ほど家計貯蓄率が低いことは中国と同じ結果が得られた。第 5 に，日本の家計貯蓄行動は利己主義のライフ・サイクル仮説に基づいており，退職後の高齢者が資産を取り崩すことは中国と異なる結果が得られた。

6．お わ り に

　本章では，2010 年代における中国の家計貯蓄率が高い水準を維持していることに対して，近年の研究成果のサーベイを通して検証した。その結果，中国では高齢化の進展，生活の不安に備える予備的動機，子供のための遺産動機，

社会保障の不完全，収入と地域の格差のいずれも，2010年代の家計貯蓄率を高い水準に維持させる原動力になっていることがこれまでの研究によって明らかになった。また，中国の家計は持ち家志向が強いため，高い不動産価格も家計貯蓄率の高さを維持している要因となっている。さらに，「未豊先老」が象徴するように，資産蓄積の不足に加えて，年金受給に対する不安は家計貯蓄率の高さに影響する要因であることも明らかになった。

また，日本の家計貯蓄行動を参照にして，中国に対する示唆を考察しており，主に以下のファンディングが得られた。第1に，中国では標準的な利己的ライフ・サイクル仮説が成り立っておらず，むしろ利他的モデルのほうが現在の中国に適していることが示された。第2に，年金制度や住宅ローンの整備は人々の不安を減少させ，家計貯蓄率を低下させる効果があることが示唆された。第3に，日本では遺産動機を測る尺度として遺産目的など，中国より詳細なアンケート調査が実施されているため，研究成果も中国より進んでいる。それに対して，中国では遺産動機や予備的動機という意識面に関する研究は欧米や日本より乏しく，データの整備も遅れているため，今後の課題になるのであろう。

以上を踏まえて，2010年代の長期にわたって高い家計貯蓄率の水準を維持してきた中国に対して，「高貯蓄・低消費」という経済構造に対して，以下4つの政策的インプリケーションを提言したい。

第1に，相続税の導入。利他主義モデルに基づく中国の家計貯蓄行動において，子供の将来を思う高齢者には遺産動機がみられる。そのため，適切な相続税の導入が重要な対策となる。相続税の導入によって，親から子供への遺産の移転を緩和させることができ，家計貯蓄の減少をもたらす可能性があると考えられる。そして，富の再分配は中国の格差社会を是正するためにも重要である。

第2に，高騰してきた住宅価格を抑制。2008年のリーマンショック以降の住宅価格が高騰し続けてきたため，家計は高額な住宅を購入するための貯蓄をせざるをえないという現実に直面してきた。このため，高すぎる住宅価格を緩やかに低下させていく方策の実施が不可欠なことである。住宅価格の緩やかな低下によって，人々はライフステージに対する様々な不安が緩和され，家計

貯蓄率の低下につながっていくと期待できる。

　第 3 に，社会保障の整備。子供の教育や医療に関する社会保障を高める必要
がある。特に，医療費と教育費に関する大きな格差がまだ中国で存在している
ため，過剰な教育費と医療費を抑えることが重要となる。これらの費用が抑え
られれば，若者の育児に対する不安を取り除くことができ，出生率の増加と家
計貯蓄率の低下が期待できる。

　第 4 に，雇用機会の創出。若者の雇用機会を拡大させることは，高齢者の子
供の将来に対する心配を緩和させ，遺産動機を弱めることが期待できる。特に，
2019 年からの新型コロナウイルス感染症のような不可測事態から，今後拡大
すると想定される予備的貯蓄の側面を考慮して，政府は積極的な就職支援や補
助金の提供も不可欠である。

　　追記　本章をご退職される谷口洋志先生に捧げて感謝と敬服の意を表したいと思い
　　　　ます。

参 考 文 献

日本語文献（五十音順）
大竹文雄（1991）「遺産動機と高齢者の貯蓄・労働供給」『経済研究』第 42 巻，第 1
　　号，21-30 頁。
大竹文雄・ホリオカ，チャールズ ユウジ（1994）「貯蓄動機」『日本の所得と富の分
　　配』石川経夫編，東京大学出版会，211-244 頁。
小川一夫（2020）『日本経済の長期停滞—実証分析が明らかにするメカニズム』 日
　　本経済新聞出版社。
唐成（2021）『家計・企業の金融行動から見た中国経済—「高貯蓄率」と「過剰債務」
　　のメカニズムの解明』有斐閣，1-47 頁。
濱秋純哉・堀雅博（2019）「高齢者の遺産動機と貯蓄行動：日本の個票データを用
　　いた実証分析」『経済分析』第 200 号，11-36 頁。
ホリオカ，チャールズ ユウジ（2014）「なぜ人々は遺産を残すのか？　愛情からな
　　のか，利己心からなのか？　遺産動機の国際比較」『東アジアへの視点』，51-
　　62 頁。
ホリオカ，チャールズ ユウジ（2017）「日本人は特殊か？—家計貯蓄行動の例—」『東
　　アジアへの視点』6 月号，1-10 頁。
ホリオカ，チャールズ ユウジ（2020）「日本でライフ・サイクル仮説は成り立って
　　いるか？」『The Institute of Social and Economic Research』Discussion Paper，第
　　1074 号，1-27 頁。

ホリオカ，チャールズ ユウジ・新見陽子（2017）「日本の高齢者世帯の貯蓄行動に関する実証分析」『経済分析』，第 196 号，29-47 頁。

松葉敬文（2021）「多胎世代における純貯蓄水準」『Review of Economics and Information Studies』第 21 巻，101-114 頁。

八代尚宏・前田芳昭（1994）「日本における貯蓄のライフサイクル仮説の妥当性」『日本経済研究』第 27 号，57-76 頁。

英語文献（アルファベット順）

Arrondel, Luc, and Andre Masson（2006）, "Altruism, Exchange or Indirect Reciprocity: What Do the Data on Family Transfers Show?," *Handbook of the Economics of Giving, Altruism and Reciprocity*, vol. 2, pp. 971-1053.

Barro, R. J.（1974）, "Are Government Bonds Net Wealth?," *Journal of Political Economy*, vol. 82, issue 6, pp. 1095-1117.

Becker, G. S.（1974）, "A Theory of Social Interactions," *Journal of Political Economy*, 82, pp. 1063-1093.

Becker, G. S.（1981）, *A Treatise on the Family,* Harvard University Press, Cambridge, M.A.

Chamon, M. and E. Prasad（2010）, "Why Are Saving Rates of Urban Households in China Rising?," *American Economic Journal: Macroeconomics*, 2（1）, pp. 93-130.

De Nardi, M., E. French and J. B. Jones（2016）, "Savings after Retirement: A Survey," *Annual Review of Economics*, 8, pp. 177-204.

Ge, S., D. T. Yang, and J. Zhang（2018）, "Population Policies, Demographic StructuralChanges, and the Chinese Household Saving Puzzle," *European Economic Review*, 101, pp. 181-209.

Horioka, C. Y.（1989）, "Why Is Japan's Private Saving Rate So High?," in *Developments in Japanese Economics*, edited by Ryuzo Sato and Takashi Negishi, Academic Press/Harcourt Brace Jovanovich, Tokyo, Japan, pp. 145-178.

Horioka, C. Y.（1997）, "A Cointegration Analysis of the Impact of the Age Structure of the Population on the Household Saving Rate in Japan," *Review of Economics and Statistics*, 79（3）, pp. 511-516.

Horioka, C. Y.（2012）, "Are Japanese Households Financially Healthy, If So, Why?," *Japanese Economy*, 39（4）, pp. 109-124.

Horioka, C. Y.（2014）"Are Americans and Indians More Altruistic than the Japanese and Chinese? Evidence from a New International Survey of Bequest Plans," *Review of Economics of the Household,* 12（3）, pp. 411-437.

Horioka, C. Y., Emin Gahramanov, Aziz Hayat, and Xueli Tang（2018）, "Why Do Children Take Care of Their Elderly Parents? Are the Japanese Any Different?," *International Economic Review*, 59（1）, pp. 113-136.

Horioka, C. Y. and J. Wan（2007）, "The Determinants of Household Saving in China: A Dynamic Panel Analysis of Provincial Data," *Journal of Money, Credit and Banking*, 39（8）, pp. 2077-2096.

Laferrere, Anne, and Francois-Charles Wolff（2006）, "Microeconomic Models of Family

Transfers," *Handbook of the Economics of Giving, Altruism and Reciprocity*, vol. 2, pp. 889–969.

Murata, K. (2019), "Dissaving by the Elderly in Japan: Empirical Evidence from Survey Data," *Seoul Journal of Economics*, 32 (3), pp. 285–322.

Modigliani, F. and R. Brumberg (1954), "Utility Analysis and the Consumption Function: An Interpretation of Cross — Section Data," in K. Kurihara, ed., *Post Keynesian Economics*, Rutgers University Press, pp. 388–436.

Modigliani, F. and S. L. Cao (2004), "The Chinese Saving Puzzle and the Lifecycle Hypothesis," *Journal of Economic Literature*, 42 (1), pp. 145–170.

Tang, C. and C. Zhang (2022), "Bequest Motives and Saving Behavior Among the Elderly," in *Growth Mechanism and Sustainable Development of Chinese Economy: Comparison with Japanese Experiences*, edited by Xinxin Ma and Cheng Tang, Palgrave Macmillian.

Wang, X. and Y. Wen (2012), "Housing Prices and the High Chinese Saving Rate Puzzle," *China Economic Review*, 23, pp. 265–283.

Wei, S. J. and X. Zhang (2011), "The competitive saving motive: Evidence from rising sex ratios and savings rates in China, *Journal of Political Economy*, 119 (3), pp. 511–564.

中国語文献（ピンイン順）

曹志強・崔文俊（2020）「住房価格，人口年齢結構対貯蓄率的影響研究—基于省級面板数据的研究」『价格理論与実践』第 6 期，68–71 頁。

蔡桂全・張季風（2020）「中国老人家庭儲蓄成因的実証研究—基于遺産動機的視角」『人口学刊』第 4 期，70–81 頁。

陳彦斌・邱哲圣（2011）「高房価如何影響居民貯蓄率和財産不平等」『経済研究』第 10 期，25–38 頁。

陳斌開・楊汝岱（2013）「土地供給，住房价格与中国城鎮居民貯蓄」『経済研究』第 1 期，110–122 頁。

程令国・張曄（2011）「早年的飢荒経歴影響了人們的貯蓄行為嗎？—対我国居民高貯蓄率的一個新解釈」『経済研究』第 8 期，119–134 頁。

侯蕾・楊欣桐・李奇（2021）「中国城鎮家庭的遺産動機：基于微観家庭金融数据的估計」『世界経済』第 5 期，79–104 頁。

胡翠・許召元（2014）「人口高齢化対貯蓄率影響的実証研究」『経済学』第 4 期，1345–1364 頁。

李雪松・黄彦彦（2015）「房価上漲，多套房決策与中国城鎮居民貯蓄率」『経済研究』第 9 期，100–113 頁。

李豫新・程謝君（2017）「中国後人口転変時代高齢化対居民貯蓄率的影響」『南方金融』第 8 期，3–10 頁。

劉鵬飛（2022）「"少子化"対家庭貯蓄率的影響机制研究」『中央財経大学学報』第 3 期，81–92 頁。

劉雯・杭斌（2013）「高齢化背景下我国城鎮居民儲蓄行為研究」『統計研究』第 12 期，77–82 頁。

劉陽・虞銀（2022）「商業保険与家庭貯蓄行為」『調研世界』第 5 期，33–43 頁。

孟令国・呂翠平・呉文洋（2019）「全面両孩政策下人口年齢結構，養老保険制度対居民貯蓄率的影響研究」『当代経済科学』第1期，67-75頁。

随淑敏・彭小兵・肖云（2021）「城郷居民基本養老保険対居民貯蓄率的影響—基于予防性貯蓄的視角」『消費経済』第4期，63-74頁。

陶濤・王楠麟・張会平（2019）「多国人口老齢化路経同原点比較及其経済社会影響」『人口研究』第5期，28-42頁。

尹志超・厳雨（2020）「保険対中国家庭貯蓄率的影响」『経済科学』第5期，99-110頁。

於森・高宇寧・胡鞍鋼（2021）「中国家計貯蓄率反生命周期之謎—基於競争型性貯蓄視角的分析」『中国人口・資源与環境』第3期，33-42頁。

汪偉（2015）『中国高儲蓄現象的理論与実証研究』上海財経大学出版社。

汪偉・劉玉飛・史青（2022）「人口老齢化，城市化与中国経済増長」『学術月刊』第1期，68-82頁。

汪偉・呉紳（2019）「中国城鎮家庭儲蓄率之謎—儲蓄年齢-時期-組群分解的再考察」『中国工業経済』第7期，81-100頁。

周華東・李芸・高玲玲（2021）「子女性別与家庭貯蓄—基于中国家庭金融調査数据（CHFS）的分析」『西北人口』第5期，1-15頁。

第 6 章

中国におけるインフォーマル就労と「多層的保障」の構築

朱　　珉

1. は じ め に

　2011 年に，中国では「皆保険・皆年金」を中核とする社会保障制度体系が成立された。約 10 年後の 2020 年に，中国は絶対的貧困の撲滅および「小康社会」（ややゆとりのある社会）の達成を世界に向けて宣言し，中国の社会保障は新しい段階に移った。

　この 10 年間で，中国の社会・経済は大きく変動した。少子高齢化が急速に進行し，2022 年には人口減少社会に入った。また，2010 年代後，デジタル経済は急成長し，その後の中国の経済発展にとって重要なカギとなった。『中国デジタル経済発展白書 2022』によると，2012 年から 2021 年にかけて，デジタル経済の規模は 11 兆元から 45 兆元に増加し，国内総生産に占める割合は 21.6％から 39.8％に拡大した。2021 年のデジタル経済規模はアメリカに次ぐ世界 2 位である。

　デジタル経済の成長に伴い，ネット配車サービスやフードデリバリーなどの新業態就労者も増加した。特にコロナの影響により経済が失速した中で，これらの新業態は多くの労働力を吸収し，「蓄水地」の役割を果たした。政府は 2019 年の「政府工作報告」において，彼らを含むインフォーマル就労の発展

を支援すると発表し，インフォーマル就労を重要な就労チャネルと見なしている。

　それと同時に，インフォーマル就労者の生活をどのように保障していくべきかという問題も浮上した。2021年2月26日に，第19回中央政治局第28回グループ勉強会において，習近平は「我が国の社会保障事業の質の高い発展，持続可能な発展を促進する」と題する重要講話を行い，中国社会保障の問題点として，インフォーマル就労者を包摂していないことを挙げている。

　中国社会保障制度体系の中核は社会保険であり，それは正規雇用を前提としている。就労形態の変化はその前提を崩しかねないため，生活保障システムもそれに応じて再編しなければならない。本章はインフォーマル就労に焦点を当て，社会保険に限らない中国の「多層的保障」の性格を考察することを目的とする。以下では，まず中国におけるインフォーマル就労の概念を整理し，次にインフォーマル就労の現状を各種調査から浮き彫りにしていく。そして，社会保険加入における現行制度の問題点およびそれに対応する直近の動向を踏まえた上で，そこからみえる中国的特徴を指摘する。

2．インフォーマル経済とインフォーマル就労

　初期の開発経済学は，インフォーマル経済を途上国特有の現象と見なし，経済が発展すれば，インフォーマル経済は縮小し，消滅すると想定されていた。しかし，圧縮した発展を遂げた多くのアジアの国では，今もなおインフォーマル経済が広範囲に存在し，さらに先進国においてもフォーマル経済の「インフォーマル化」がみられるようになった。

　インフォーマル経済とは，社会保障や課税の対象にならず，公式に登録されていない職業・生業の集合体のことである。また，国際労働機関（ILO）はインフォーマル経済を職種別に①自営業者，②賃金労働者（社会保障や雇用契約などをもたない者），③家内労働者と整理している（遠藤・後藤，2018，184-185頁）。つまり，インフォーマル経済における働き方は雇用に限らないということである。したがって，本章ではインフォーマル経済の働き方を「インフォーマル就

労」と呼ぶ。

　中国ではインフォーマル就労を表す言葉として，「非正規就業」，「非標準就業」および「非典型就業」が挙げられる。「非標準就業」と「非典型就業」はNon-Standard Employmentの訳語として使われており，「非正規就業」はそもそもILOから導入した概念で，ILOの定義とほぼ同義である。表6-1は中国におけるいくつかの大規模調査で用いられる非標準就業，非正規就業の概念をまとめたものである。表6-1から，中国における非正規就業は，自営業が含まれており，そして，①正式な雇用契約をしているかどうか，②フルタイマーかどうかという基準が重要視されていることがわかる。

　計画経済期の中国には労働力市場が存在しなかった。都市部では，国家が労働力を必要とする分野・部門へ配置するため，企業による自主募集ではなく，労働管理部門による「統一配分」が行われ，農村部では，労働力を「人民公社」に所属させ，農村内部に閉じ込めた。また，厳しい戸籍制度によって，農村人口の都市流入を制限し，都市と農村の二元化社会が形成された。都市部の企業，学校や病院などの事業単位で働く者はもちろん「終身雇用」（鉄飯碗，iron bowl）の正規就労者であるが[1]，改革開放によって，状況は一変した。1986年に新規

表6-1　非正規就業の概念

	定　義
中国総合社会調査	標準就業：正式な雇用契約を結んでいないが，正規部門に就労しており，かつ毎週の労働時間が30時間以上の者 非標準就業：雇用契約を結んでいない者
中国家庭追跡調査	非正規就業：正式な雇用契約を結んでいない被用者，使用者，自営業者，家事手伝いなど
中国労働力動態調査	非正規就業：従業員のいない自営業者，臨時雇い，賃金をもらっている家族従業員，政府機関の短期就労者，パートタイマーおよび労務派遣者
流動人口就業状況調査	非正規就業：自営業者（1人および家族経営を含む），正式な雇用契約を結んでいない被用者，賃金額や支給日が不定の被用者，経常的に失業している者

　（出所）劉（2021）より。

---

1)　計画経済期において，臨時的・突発的な仕事や季節的仕事，短期仕事などに従事している農村出身の臨時工が存在し，雇用拡大・削減の社会的衝撃を緩和するバッファーとなっている。詳しいことは上原（2009），山本（2000）を参照されたい。

労働者に対して，雇用契約制が導入され，1992 年に全労働者に拡大し，終身雇用の時代は幕を閉じた。1990 年代末になると，国有企業に対するラディカルな改革によって，大規模なリストラや人員削減が行われ，大量の余剰人員が「下崗」（一時帰休）や「下海」（自分で起業する）といった形で労働力市場に排出された。彼らの再就職ルートとして，フルタイムの就労ではなく，「多形態就労」の一形態として，「非正規就業」が推奨されるようになった。

　1996 年に，上海市は「下崗人員が非正規就業に従事することを奨励することに関する若干試行意見」を公布し，これが全国で初めての「非正規就業」という言葉を使った政府の公式文書である。2000 年に，就労の拡大・促進を目的とする積極的就労政策[2]のパイロット実験が上海市，北京市と蘇州市で始まった。上海市の政策パッケージでは「非正規就業」を，「安定的な雇用契約が結ばれていない就労」と規定し，社区の住民サービスや清掃などの公益労働への参加，企業や事業単位に各種臨時的，突発的なサービス提供および自営業が含まれている（中国社科院課題組，2002，31 頁）。

　しかし，終身雇用の時代が長かった中国では，「非正規」というと，やはり正規に劣っているといったマイナスなイメージが付きやすい。そこで，差別的な呼称を避けるため，中国政府の公式文書において，通常「霊活就業」[3]という言葉が使用されている（趙ほか，2021）。

　「霊活就業」は 2001 年の「国民経済と社会発展の第 10 次 5 カ年計画綱要」の中で初めて登場した。同年，労働と社会保障部労働科学研究所は「霊活多様な就業形式問題に関する研究報告」を発表し，霊活就業について，「労働時間，収入・報酬，勤務場所，社会保険や福利厚生，雇用関係等において，工業化および現代工場制度に基づく伝統的な主流就労方式[4]と異なる就労形式の総称」

---

2)　積極的就労政策について，詳しくは朱（2021）を参照されたい。
3)　「霊活就業」は Flexible Employment と訳されるが，就労形態からみて雇用に限らないことが明らかであるため，両者を区別する必要がある。
4)　ここでの「伝統的な主流就労方式」とは，正規単位（勤め先）における長期的・安定的な就労で，社会保険や福祉の責任主体は「単位」であり，労働者は「単位」内で，規定されている労働時間内で働き，安定的な収入を得ることを指す。

と定義した。具体的には，フリーランス，パートタイマー，季節就労者，請負就労者，派遣労働者，自営業，家族従業員が含まれている。

　2010 年代以降，デジタル経済が発展し，それに伴い，「霊活就業」に関する研究も増えた。穆ほか（2020）は「霊活就業」の性質を，弾力的就労（労働時間や収入・報酬，勤務場所，労働内容など）と曖昧な雇用関係と指摘し，諸（2021）はそれに自主的就労を付け加え，①自雇型就労（個人事業主），②フリーランス（弁護士，歌手，モデルなど），③臨時性就労（パートタイマー，ギグワーカー，派遣労働者など）と 3 つに分類した。何・王（2022）は「霊活就業」の柔軟性，弾力性を労働者にとってのリスクとして捉え，低い所得，高い失業リスクおよび社会保障の欠如から，不安定性を強調した。

3．インフォーマル就労の現状

3-1　インフォーマル就労の規模

　中国におけるインフォーマル就労の規模について，国内データと国際データを用いて確認する。国内データとして，異なる時期の政府関係の発表を 2 つ取り上げる。1 つ目は 2000 年代初頭で，国有企業からリストラされた人員の再就職ルートとして，正規雇用と異なる短期就労や自営業などが注目された時期である。2003 年に，労働と社会保障部課題研究グループが調査を行い，インフォーマル就労者は 4,700 万人であると発表した。そのうち，自営業やフリーランスは 3,400 万人，家族従業員は 800 万人，そしてパートタイマーや派遣労働者，請負労働者，季節労働者は 700 万人である。2003 年当時の都市部就労者数は 2.6 億人であるため，インフォーマル就労者は都市部就労者の 18.3％と約 2 割に相当する。

　2 つ目は 2020 年で，デジタル経済が発展し，新就労形態として，プラットフォーム型就労が注目されるようになった時期である。2020 年 8 月 7 日に，国務院新聞弁公室が開催した国務院政策に関する定例説明会において，人力資源と社会保障部の李忠副部長が，「自営業者，パートタイマーおよびプラット

フォーム就労者を含むインフォーマル就労者は 2 億人にのぼる」と発言し[5]，政府の公式発表はこれが初めてであり，2 億人という数字がその後定着した。2020 年の都市部就労者数は 4.6 億人で，インフォーマル就労者は都市部就労者の 43.5％を占めるようになり，2003 年に比べ 25 ポイントも急増した。

　国際データとして，ILO が 2018 年に公表したレポートを取り上げる。図 6-1 は世界各国の農業以外の就労者に占めるインフォーマル就労者の割合を示している。それをみると，各国を大きく 3 つのグループに分けることができる。第 1 グループは 15％未満の低いグループで，北欧とイギリス，フランス，ドイツが含まれている。第 2 グループはアメリカ，日本，そして韓国で，15〜30％未満である。第 3 グループはいわゆる新興国の中国，インドおよびブラジルで，40％以上の高いグループである。中国はこのグループの真ん中に位置しており，インフォーマル就労者の割合は 53.5％で，経済発展水準からみて高い結果となっている。

図 6-1　農業以外の就労者に占めるインフォーマル就労者の割合

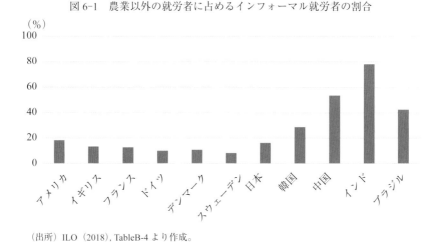

（出所）ILO（2018），TableB-4 より作成。

5)　「国務院政策定例説明会 2020 年 8 月 7 日　文字実録」中国政府網（http://www.gov.cn/xinwen/2020zccfh/20/index.htm，2023 年 2 月 17 日にアクセス）。

3-2　インフォーマル就労者像

では，インフォーマル就労者はどのような人たちであろうか。以下では，2018 年の中国家庭追跡調査のデータからみてみよう（何・王，2022）。

まず，性別構成をみると，男女比は 6 対 4 で，男性が若干多い。また，戸籍からみると，農村戸籍の労働者は 75.7％と圧倒的に多く，いわゆる「農民工」がインフォーマル就労の主力軍と推測できる。

次に，年齢別構成をみると，25～55 歳の年齢層に集中していることがわかる（図 6-2）。35 歳以下の若い労働者は全体の 4 割弱を占めているが，それ以上に多いのは家族を養う責任の重い 35～54 歳の中堅層であり，51.13％と半数を超えている。

第 3 に，学歴からみると，インフォーマル就労者の学歴が低いことがわかる。高校以下の低学歴者が約 7 割と大半を占めているのに対して，大学以上の高等教育を受けた者は 5％未満である（図 6-3）。

第 4 に，業種別からみると，卸し・小売業と製造業は 2 大業種で，それぞれ 18.53％と 18.54％の者が従事している。その次に建築業（14.64％）で，最も少ないのは宿泊・飲食業である（9.15％）。ただし，「その他」に分類された者は 3 割にも及んでいるため，さらに精査する必要がある。

第 5 に，所得についてであるが，インフォーマル就労者の平均月収は 2,876.8 元で，正規就労者の平均月収の 6 割強に相当する。近年，インフォーマル就労

図 6-2　年齢別構成比（2018 年）

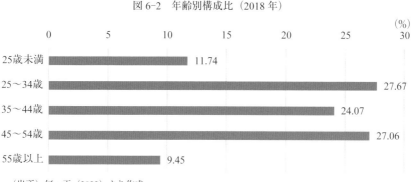

（出所）何・王（2022）より作成。

図6-3　学歴別構成比（2018年）

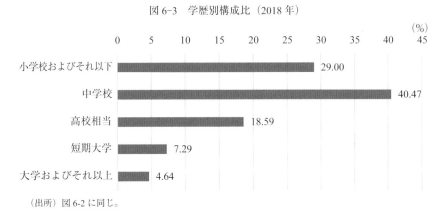

（出所）図6-2に同じ。

者の所得は増加したものの，正規就労者との格差も拡大しつつある。また，
2018年のインフォーマル就労者の所得ジニ係数は0.45にのぼり，内部におけ
る格差も大きいということを示している。

3-3　インフォーマル就労者の生活保障

　中国において現行の労働者の権益を保障する労働規制や労働者の生活を保障
する社会保険は正規雇用に基づいているため，「脱雇用化」あるいは「多雇用化」
するインフォーマル就労は雇用関係が曖昧なゆえに，なかなか適用されにくい。
近年，多くの調査によって，インフォーマル就労者の生活保障の実態，つまり，
労働保護および社会保険加入の低さが明らかとなった。
　労働保護に関して，まず雇用契約を結んでいる者が少ない。北京騰景ビッグ
データ応用科学技術研究院およびアンド集団研究院が発表した2022年第3四
半期調査報告書によると，雇用契約を結んでいない者および1年以内の短期契
約しか結んでいない者は55.4％と半数以上である。1年以上の雇用契約を結ん
だ者は30.3％にとどまり，正規就労者の87.2％より大きく下回っている。また，
自由度の高い就労形態であるにもかかわらず，実際の労働時間は正規就労者よ
りも長い。インフォーマル就労者の週平均労働時間は51.6時間で，正規就労
者より3.8時間多い。さらに，週60時間以上働いている者は35％で，正規就

労者の 20.6％に比べ，長時間労働者の割合も多いことがわかった。コロナの中で，フードデリバリーや宅配，ネット配車サービスといったプラットフォーム型就労が増え，労働者の生計維持に積極的な役割を果たしたが，この新業態就労者の労働時間は実は最も長い。週 60 時間以上働いている者が半数近くにのぼり，週平均労働時間は 56 時間で，インフォーマル就労者の平均よりも多い[6]。

　中国では，正規就労者に対して，従業員基本年金保険，従業員基本医療保険，失業保険，労災保険，生育保険および住宅基金を含む「五険一金」の社会保障制度が用意されている。インフォーマル就労者は雇用関係が曖昧なゆえに，使用者負担分も不明確となり，「五険一金」の加入率はかなり低くなっている。上記の報告書から，「五険一金」にすべて加入した者は僅か 13.4％であることがわかった。また，「五険一金」の「一部加入」は 32％にとどまり，「まったく加入していない」は 54.6％にものぼる。

　「一部加入」のうちでは，医療保険が最も多いとされており，それについて別のデータでもう少し詳しくみていこう。図 6-4 は 2018 年に新設された中国の医療保障局の公式データにより作成されたものである。これをみると，インフォーマル就労者の従業員基本医療保険への加入率は上昇してはいるが，2021 年現在 13.7％とまだ 2 割も満たしていない。また，表 6-2 は北京大学が行った調査結果を示しているが，プラットフォーム型就労者は概して公的医療保険への加入率が低いことがわかる。各種公的医療保険の加入率は 52.5％で，従業員基本医療保険の加入率は 20.3％とさらに低くなっている。そして，所得が低ければ低いほど，加入率が低下する傾向になる。2 万元未満の低所得グループの場合，各種公的医療保険の加入率は 22.6％で，従業員基本医療の加入率は僅か 4.3％である。

6）「霊活就業群体景気指数承圧下行　長期性問題突出」（https://baijiahao.baidu.com/s?id=1757189181375158161&wfr=spider&for=pc，2023 年 2 月 18 日アクセス）。

図 6-4 従業員基本医療保険への加入率

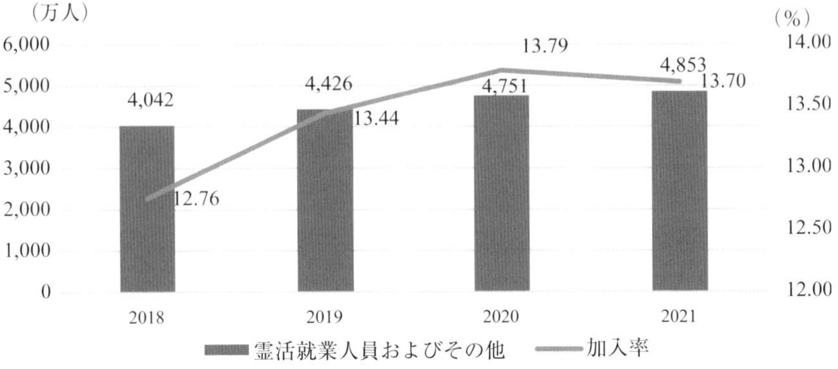

（出所）「全国医療保障事業統計公報」各年版より作成。

表 6-2 所得別新業態就労者の公的医療保険への加入率 （%）

	都市従業員医療保険	都市住民医療保険	新型農村合作医療保険	公費医療	いずれも加入していない	知らない
2万元未満	4.3	8.6	6.0	2.6	56.0	22.4
2〜5万元未満	5.4	9.5	17.4	−	48.1	19.5
5〜8万元未満	16.8	19.3	17.4	0.6	29.4	8.1
8〜12万元未満	28.1	20.9	11.9	0.6	29.4	8.1
12万元およびそれ以上	41.8	27.3	6.0	2.8	12.9	9.2
合計	20.3	18.3	12.8	1.2	33.3	14.2

（資料）北京大学政府管理学院中国国情研究センター（2019）「新業態新模式従業員の医療保険加入状況調査報告」
（出所）汪（2021）より。

4.「多層的保障」の構築

4-1 社会保険による包摂

　2018 年の米中貿易戦争により，中国経済は大きな影響を受け，同年の経済成長率は 6.6％と天安門事件があった翌年 1990 年（3.9％）以来の低い数値となった。IT 企業による大規模なリストラや若者の失業率上昇など，就労情勢が一段と厳しくなった中で，政府は「就労は最大の民生」というスローガンを打ち出し，就労問題を最重要政策課題と位置付けた。

　同年 9 月に，国家発展改革委員会をはじめ，教育部など 19 の政府部門が合

同で「デジタル経済の発展による就業の安定化・拡大に関する指導意見」を公布し，デジタル経済における新規就労機会の創出を加速すること，労働者のデジタルスキルの向上，就労・創業関連サービスにおけるデジタル化の推進，政策・法律体系の健全化などについて，今後の方針を示した。インフォーマル就労について，そのフレキシブルな働き方に対応できる労働政策を整備すること，インフォーマル就労者も社会保障の適用対象内に入れることが明示された。

　さらに，2021 年 7 月に「新就業形態の労働者の労働保障権益を守ることに関する指導意見」が公布され，労働者への賃金保障や労働衛生の管理，労働時間の制定など，労働保護における企業側の責任が明確化された。雇用に限らない就労形態への対応として，雇用関係には至っていないが，企業が労働者に対して労務管理を行った場合，書面での協議書を作成することに言及した。

　また，同指導意見の第 8 条において，インフォーマル就労者を独立したグループとしてではなく，従来の社会保険制度に取り入れる方向が明示された。これまで，インフォーマル就労者の社会保険加入について，どう規定されているのかを一度整理しておく。

　2011 年に，制度的に「皆年金・皆保険」が達成された中国の社会保険は，大きく正規被用者を対象とする従業員基本保険とその他非被用者を対象とする住民基本保険に分けられる。同年 7 月に実施された「中華人民共和国社会保険法」では，「従業員のいない個人事業主，勤務先で従業員基本年金保険と従業員基本医療保険未加入のパートタイマーおよびその他の霊活就業人員は住民基本年金と基本医療保険に加入することができ，個人は国家の規定に従い保険料を納める」と規定している。つまり，使用者負担がない分，住民基本保険に加入することができる。2021 年の指導意見は基本的に 2011 年の方針を継続しているが，住民基本保険だけでなく，従業員基本保険にも自由選択で加入できるようにした。その際，使用者の拠出分も本人が負担することとなっている。

4-2　社会保険加入の障壁

　指導意見およびその後の政策説明会の文字実録を読む限り，政府はインフォー

マル就労者を高所得と低所得の 2 つのグループと想定し，それぞれ従業員基本保険と住民基本保険をもって対応しようと推測できる。政府の第 1 政策目標は，まず住民基本保険によってインフォーマル就労の無保険者をなくすことであるが，本来であれば，インフォーマル就労者を従業員基本保険に加入させるのが理想である。なぜなら，1 つは，増加するインフォーマル就労者が住民基本保険に加入することは，従業員基本保険の空洞化を招きかねないからであり，もう 1 つは住民基本保険の場合，かなりの公費が投入されており，加入者が増えれば財政負担も増えるからである。

　インフォーマル就労者が社会保険に加入するには 2 つの問題がある。1 つは戸籍の問題である。現行の社会保険制度は「属地」原則で，全国統一的な制度となっていない。それが 1 つの地域にとどまらず，全国を転々としている高い流動性をもつインフォーマル就労にそぐわない。それを解決するために，戸籍という縛りを取り除く必要がある。2021 年の指導意見はこの「脱戸籍化」を明確に指示している。戸籍に関係なく，働いている地域で社会保険に加入し，現地の規定に従い，拠出し給付を受ける。ほかの地域に転出した場合，加入記録も一緒に転出し，デジタル技術の発展により，各地域での加入記録を統合することができる。福建省は 2022 年に戸籍の代わりに，現地の「居民証」をもっている，あるいは加入承諾書にサインするだけでも，現地の従業員基本年金保険に加入できるようにした。

　しかし，制度上加入できるように設計したとしても，各地域によって拠出基準額や拠出率がばらばらとなっているという運営上の問題が残されている。従業員基本年金保険を例に挙げると，上海市の拠出率は 24％であるのに対して，広州市のそれは 20％である。従業員基本医療保険においても，拠出率が 8％の地域もあれば，11％の地域もある。拠出基準額も各地の平均賃金に基づき算出されているため，制度の枠組みが同じであっても，中身はかなり異なっている。勤務地によって発生する不利益をなくすため，全国統一的な制度運営に向けて進むべきである。

　もう 1 つは，従業員基本保険に加入する際の使用者負担の問題である。個人

が使用者側の分も拠出することはいうまでもなく，個人にとってかなりの負担
である。例えば，上海の従業員基本年金保険の場合，個人が負担する 8%のほ
か，使用者の 16%もインフォーマル就労者自身が拠出することとなり，正規
就労者負担分の 3 倍となる。インフォーマル就労者の負担感を軽減するため，
政府は住民基本保険のやり方を援用し，拠出基準額を各地の前年度平均賃金の
60〜300%の間で設定した上で，いくつかのランクに分けて本人自身が選べる
ようにした。また，必ずしも毎月一定の収入を得られるとは限らないインフォー
マル就労者の特性を考慮し，保険料の納付も月ごと，四半期ごと，半年ごとお
よび 1 年と本人が選択できるようにしている。表 6-3 は洛陽市が公表した 2020
年 7 月から 2021 年 6 月までのインフォーマル就労者の従業員基本保険の拠出
額である。なお，このランク分け方も決まっているわけではなく，各地に任せ
ている状況である。例えば，貴州省では，60〜100%までは 10%ずつ，100〜
300%までは 50%ずつに分け，計 9 ランクを設けている。

　しかし，使用者側が存在しない個人事業主やフリーランスを除き，雇用契約
を結んでいるパートタイマーや雇用関係が不明確なプラットフォーム型就労者
に対して，使用者側が拠出する責任はないのだろうか。魯は使用者側の拠出根
拠は労働者を雇用しているかどうかではなく，社会生産と分配に参加している
かどうかにすべきと「脱雇用契約化」を主張している。その上で，使用者側が
利潤の一定比率で社会保険税を納付し，政府が所得の低いインフォーマル就労
者に対して拠出金を補助すべきと提案した（魯，2021）。

表 6-3　洛陽市インフォーマル就労者の従業員基本保険拠出基準　　（元／月）

	拠出基準額	従業員基本年金保険	従業員基本医療保険
ボトムライン	2,745.0	549.0	247.1
平均賃金の60%	2,985.0	597.0	268.7
平均賃金の80%	3,980.0	796.0	358.2
平均賃金の100%	4,975.0	995.0	447.8
平均賃金の150%	7,462.5	1,492.5	671.6
平均賃金の250%	12,437.5	2,487.5	1,119.4
平均賃金の300%	14,925.0	2,985.0	1,343.2

（注）従業員基本年金保険と従業員基本医療保険の拠出率はそれぞれ 20%と 8%である。
（出所）洛陽市社会保険センターホームページより。

4-3　上乗せ保険の始動

　中国の社会保険はそもそも従業員基本保険と住民基本保険との間に大きな格差がある。また，従業員基本保険も国民の基本生活を保障するには不十分である。その不足を補うために，地方によっては，基本社会保険のほかに，上乗せの共済保険も実施されている。上海市総工会は 2020 年に「上海職工互助保障項目 2020」を開始し，2022 年の保障内容は表 6-4 の通りである。適用対象は60 歳以下の男性および 55 歳以下の女性現役就労者で，A0 だけが従業員基本医療保険への加入を条件としている。加入方式は勤務先での集団加入で，従業員の 75％以上の加入が必要で，従業員が 10 人未満の場合，全員加入が必須である。勤務先のない労働者も自身の居住社区を通じて A0〜C0 の基本保障を申請することができる。保障期間は 1 年であるが，期間の途中加入も可能で，残り期間は半年以下の場合，保険料も半額となる。

　さらに，労働期間に応じて付保期間をフレキシブルに決定し，保険料も日払

表 6-4　上海市職工互助保障（2022 年）

		在職入院保障			特殊重病保障			意外傷害保障	
	項目	保険料	給付内容	項目	保険料	給付内容	項目	保険料	給付内容
基本保障	A0	120元/年	最高11万元	B0	55元/年	指定重病：1万元 女性特有の癌：+1万元	C0	15元/年	意外傷害：最高2万元 意外死亡：最高2万元
強化保障	A1	135元/年	最高1.9万元 100元/日	B1	100元/年	指定重病：2万元 女性特有の癌：＋1万元	C1	40元/年	意外傷害：最高5万元 意外死亡：5万元 意外火災：最高1万元
	A2	230元/年	最高3.72万元 200元/日	B2	235元/年	指定重病：5万元 （原発性癌：2万元） 女性特有の癌：＋3万元	C2	75元/年	意外傷害：最高10万元 意外死亡：10万元 意外火災：最高1万元
	A3	330元/年	最高5.55万元 300元/日	B3	460元/年	指定重病：10万元 （原発性癌：2万元） 女性特有の癌：＋5万元	C3	225元/年	意外傷害：最高30万元 意外死亡：最高30万元 意外火災：最高1万元
特別保障	加入する事業所の要望に応じて，特別なプランを用意する。								

（出所）「上海職工互助保障項目 2020 加強保障條款（2022 年版）」より作成。

いができる低額の民間労災保険も政府の強い後押しで登場した。2022 年の 3月に，オンライン専用の損保である衆安保険とアリババグループ傘下のアリ保険は，「フレキシブル就労保険」（中国語では「霊活工作保」）を販売し始めた。保険料は 0.18 元／日，0.53 元／日，0.89 元／日と 3 つのランクがあり，対応する保険金はそれぞれ 10 万元（＋ 1 万元の医療費），30 万元（＋ 3 万元の医療費），50 万元（＋ 5 万元の医療費）となっている。

5．お わ り に

　近年，デジタル経済の発展により，中国ではインフォーマル就労者が 2000年代初頭に比べ，大幅に増加した。「就労優先」の方針のもとで，インフォーマル就労は重要な就労チャネルとなり，コロナが猛威を振るった中でも，国民の生計維持に大きな役割を果たした。しかし，その柔軟な就労形態であるがゆえに，流動性や不安性が伴い，多くの調査から，インフォーマル就労者は適切な労働保護を受けておらず，正規雇用を前提とする社会保険への加入も低い状況にあることが明らかとなった。

　中国政府は 2021 年にインフォーマル就労者を単独のグループとして扱うのではなく，従来の社会保険制度内に取り入れる方針を明確に打ち出した。その際，戸籍の縛りや制度の不統一，拠出負担の重さなどの問題があり，「脱戸籍化」や「脱雇用契約化」，またある程度自由選択できる柔軟な加入方式によって対応しようとしている。ただ，加入したとしても，基本生活を十分に維持できない可能性がある。そのため，地方で実施している共済保険や民間保険によってその不足を補うこととなっている。

　つまり，中国はインフォーマル就労の増加に対応するため，フォーマル仕様の社会保険を「インフォーマル化」し，従来の社会保険制度を維持しようとしている。社会保険の包摂性が高まる一方で，就労を前提とする社会保険の拡大に重点が置かれるワークフェア的な側面も看過できない。また，社会保険はあくまで最低生活を保障する「基本保障」に過ぎず，それだけでは社会一般常識の生活を送ることができず，上乗せの共済保険や市場の民間保険によって「基

本保障」を補完しなければならない。この公私ミックスの「多層的保障」には，果たして組み合わせの最適解があるのか，中国の挑戦を注視する必要がある。

参 考 文 献

上原一慶（2009）『民衆にとっての社会主義─失業問題からみた中国の過去，現在，そして行方』青木書店。

遠藤環・後藤健太（2018）「インフォーマル化するアジア─アジア経済のもう１つのダイナミズム」遠藤環・伊藤亞聖・大泉啓一郎・後藤健太（編）『現代アジア経済論』有斐閣。

朱珉（2021）「中国の新しい生活保障のかたち：積極的就労と社会保障の再連携」『千葉商科論叢』56（2）。

山本恒人（2000）『現代中国の労働経済 1949～2000』創土社。

ILO（2018）, Women and Men in the Informal Economy: A Statistical Picture（www.ilo.org/global/publications/books/WCMS_626831/lang--en/index.htm）.

汪敏（2021）「平台就業者社会保険制度的創新及実践」第16回社会保障国際論壇資料。

何文炯・王中漢（2022）「非穏定就業者能够進入中等収入群体吗？」『西北大学学報（哲学社会科学版）』3月。

諸福霊（2021）「建立基于収入与居住地的霊活就業人員『一卡通』社会保障制度」『北京労働保障職業学院学報』第4期。

中国社科院課題組（2002）「積極労働政策：上海模式述評」『経済学動態』第5期。

趙青・徐静・王暁軍（2021）「『正規就業－霊活就業』比較視角下的養老金充足性研究」『保険研究』第9期。

穆佳琳・陳明慧・銀彬彬・丁福興（2020）「『霊活就業』研究的起点与難点：概念与界分」『黒河学刊』第1期。

劉珊（2021）「非正規就業研究述評与展望」『合作経済与科技』第8期。

魯全（2021）「生産方式，就業形態与社会保険制度創新」『社会科学』第6期。

執筆者紹介（執筆順）

高　鶴　　客員研究員（吉林財経大学副教授）

谷口洋志　　客員研究員（中央大学名誉教授）

王　娜　　客員研究員（東洋大学経済学部助教）

田中廣滋　　客員研究員（中央大学名誉教授）

唐　成　　研究員（中央大学経済学部教授）

郭　訳臨　　準研究員（中央大学大学院経済学研究科博士課程後期課程）

朱　珉　　客員研究員（千葉商科大学商経学部教授）

中国政治経済の構造的転換 Ⅲ
　　　　　　　　　　　中央大学経済研究所研究叢書　81

2023 年 8 月 30 日　発行

　　　　　　　　編 著 者　　谷　口　洋　志
　　　　　　　　発 行 者　　中央大学出版部
　　　　　　　　代 表 者　　松　本　雄一郎

　　　　　　　　　　東京都八王子市東中野 742-1
　　　　　発行所　中 央 大 学 出 版 部
　　　　　　電話 042(674)2351　FAX 042(674)2354

中央大学経済研究所研究叢書

中央大学経済研究所研究叢書

＊表示価格は税込です。